Romans 로마서 2

일러두기
- 이 교재는 《박영선의 다시 보는 로마서》에서 채택한 본문으로 구성되었습니다.
- 이 책에서는 개역개정판 성경을 인용하였습니다.
- 성경을 인용할 때, 절의 전체를 인용한 경우에는 큰따옴표(" ")로,
  절의 일부를 인용한 경우에는 작은따옴표(' ')로 표기하였으나
  예수님이 직접 하신 말씀을 인용한 경우에는 때에 따라 큰따옴표로 표기하였습니다.
- 본문에 《 》로 표기된 것은 도서를, 〈 〉로 표기된 것은 도서 외 작품을 가리킵니다.

성경공부 시리즈 104

로마서 2

2017년 9월 15일 초판 1쇄 발행
2024년 1월 10일 초판 2쇄 발행

지은이 박영선
기획 강선
편집 문선형, 정유진
디자인 잔
경영지원 함초아
펴낸이 최태준
펴낸곳 남포교회출판부
주소 서울특별시 송파구 올림픽로 4길 17, A동 301호
홈페이지 www.facebook.com/lampbooks **전화** 02-420-3155 **팩스** 02-419-8997
등록 2014. 2. 21. 제2014-000020호
ISBN 979-11-87506-04-1

성경공부
시리즈
104

Romans   로마서 2

들어가는 말

본 교재는 남포교회 구역 모임을 위해 준비되었습니다. 박영선 목사의 로마서 강해 설교집인 《박영선의 다시 보는 로마서》를 저본으로, 구역 모임 형편을 고려하여 신앙생활에서 잊지 말아야 할 신앙의 요점과 교회 생활을 하며 함께 생각해 보아야 할 점들을 염두에 두고 열한 장을 가려 뽑았습니다. 로마서를 더 깊이 공부하길 원하는 분은 위의 설교집을 읽으면 도움이 될 것입니다. 이 공부를 통해 신앙의 핵심을 되새기고 보다 풍성한 교회 생활을 누리기를 바랍니다.

차례

01

성령,
살아가게 하시는 분

21 그러므로 내가 한 법을 깨달았노니 곧 선을 행하기 원하는 나에게 악이 함께 있는 것이로다 22 내 속사람으로는 하나님의 법을 즐거워하되 23 내 지체 속에서 한 다른 법이 내 마음의 법과 싸워 내 지체 속에 있는 죄의 법으로 나를 사로잡는 것을 보는도다 24 오호라 나는 곤고한 사람이로다 이 사망의 몸에서 누가 나를 건져내랴 25 우리 주 예수 그리스도로 말미암아 하나님께 감사하리로다 그런즉 내 자신이 마음으로는 하나님의 법을 육신으로는 죄의 법을 섬기노라 8 : 1 그러므로 이제 그리스도 예수 안에 있는 자에게는 결코 정죄함이 없나니 2 이는 그리스도 예수 안에 있는 생명의 성령의 법이 죄와 사망의 법에서 너를 해방하였음이라 3 율법이 육신으로 말미암아 연약하여 할 수 없는 그것을 하나님은 하시나니 곧 죄로 말미암아 자기 아들을 죄 있는 육신의 모양으로 보내어 육신에 죄를 정하사 4 육신을 따르지 않고 그 영을 따라 행하는 우리에게 율법의 요구가 이루어지게 하려 하심이라 5 육신을 따르는 자는 육신의 일을, 영을 따르는 자는 영의 일을 생각하나니 6 육신의 생각은 사망이요 영의 생각은 생명과 평안이니라 7 육신의 생각은 하나님과 원수가 되나니 이는 하나님의 법에 굴복하지 아니할 뿐 아니라 할 수도 없음이라 8 육신에 있는 자들은 하나님을 기쁘시게 할 수 없느니라 9 만일 너희 속에 하나님의 영이 거하시면 너희가 육신에 있지 아니하고 영에 있나니 누구든지 그리스도의 영이 없으면 그리스도의 사람이 아니라 10 또 그리스도께서 너희 안에 계시면 몸은 죄로 말미암아 죽은 것이나 영은 의로 말미암아 살아 있는 것이니라 11 예수를 죽은 자 가운데서 살리신 이의 영이 너희 안에 거하시면 그리스도 예수를 죽은 자 가운데서 살리신 이가 너희 안에 거하시는 그의 영으로 말미암아 너희 죽을 몸도 살리시리라 (롬 7:21-8:11)

오호라 나는 곤고한 사람이로다

"오호라 나는 곤고한 사람이로다 이 사망의 몸에서 누가 나를 건져내랴." 로마서 7장 24절의 고백은 신자라면 누구나 하는 경험일 것입니다. 어느 책에서는 로마서 7장 24절의 체험이 없으면 신자가 아니라고 써 놓았을 정도입니다. 이 경험은 비단 신자들에게만 해당하는 것은 아닙니다. 믿지 않는 사람들도 비슷한 고백을 합니다. 믿지 않는 자는 양심과 윤리와 도덕의 차원에서 이 고백을 하고, 믿는 자는 예수를 믿는다는 이유로 더 깊고 처절하게 이 고백을 하는 점이 다를 뿐입니다.

예수를 믿지 않았을 때에는 모르고 그랬을지라도 이제는 예수를 믿었으니 선을 지향하며 의롭게 살아야 하지 않는가, 하는 고민에 부딪치면서 신자들은 예외 없이 모두 '오호라 나는 곤고한 사람이로다'의 과정을 거칩니다. 그리고 이 과정에서 실패할 때마다 이 잘못을 만회하려는 의욕에 복음의 정수를 제대로 누리지 못하고 오류에 빠지는 경우가 비일비재합니다. 이때 많이 하는 것이 기도와 회개입니다.

여기서 특히 주의해야 할 것이 회개입니다. 일단 회개하고 나면 '나는 회개했다'로 모든 고민이 끝나기 때문입니다. 그렇다고 회개하지 말라는 것은 아니지만, 생각해야 할 점이 있습니다. 강조점은 회개하지 말라는 것이 아니라 회개하는 것으로 때우지 말라는 데에 있습니다. 회개한 다음에는 이겨야 합니다. 지는 것에서 이기는 것으로 나아가기 위해 하나의 발걸음을 내딛는 회개여야 합니다.

이런 회개는 예수가 있어야 가능합니다. 예수가 없으면 불가능합니다. 왜 그렇습니까? 우리가 죄의 권세 아래에 있기 때문입니다. 우리는 아무리 원해도 벗어날 수 없기 때문입니다. 이에 대해 바울은 빌립보서 3장에서 이렇게 설명합니다.

나는 팔일 만에 할례를 받고 이스라엘 족속이요 베냐민 지파요 히브리인 중의 히브리인이요 율법으로는 바리새인이요 열심으로는 교회를 박해하고 율법의 의로는 흠이 없는 자라 그러나 무엇이든지 내게 유익하던 것을 내가 그리스도를 위하여 다 해로 여길뿐더러 또한 모든 것을 해로 여김은 내 주 그리스도 예수를 아는 지식이 가장 고상하기 때문이라 내가 그를 위하여 모든 것을 잃어버리고 배설물로 여김은 그리스도를 얻고 그 안에서 발견되려 함이니 내가 가진 의는 율법에서 난 것이 아니요 오직 그리스도를 믿음으로 말미암은 것이니 곧 믿음으로 하나님께로부터 난 의라 (빌 3:5-9)

바울은 율법의 의로는 흠이 없는 자였습니다. 그런데 율법에서 무흠한 것이 하나님과의 관계에서는 아무런 도움이 되지 않았습니다. 세상에서는 양심이나 윤리에서 흠잡을 데 없으면 훌륭하다고 쳐줍니다. 그런데 그런 훌륭함은 타인에게 도움이 되지 않습니다. 본인하나 훌륭한 것으로 전부입니다.

'오호라 나는 곤고한 사람이로다 이 사망의 몸에서 누가 나를 건져내랴'라는 바울의 고백은 그의 이런 과거를 배경으로 합니다. 바울은 율법의 의로는 흠이 없는 사람이었지만, 이 무흠함은 그로 예수 믿는 자들을 죽이러 가는 일에 열심을 내게 하였습니다. 그의 율법 준수가 하나님과 무관했던 셈입니다. 하나님과 아무 관계없는 율법 준수에는 자기 자랑과 자기 성취가 있을지는 몰라도 하나님에게서만 나오는 진리, 생명, 자비, 용서, 은혜와 같은 가치가 담길수 없습니다.

신앙은 내가 옳기 때문에 하나님이 내 편을 들어주시는 것이 아닙니다. 또한 예수 믿는 것으로 자기 안에 자랑과 근거를 갖게 되는 싸움도 아닙니다. 회개에 대하여 재고(再考)하라고 말씀드리는 이유는 바로 여기에 있습니다.

하나님의 자녀로 부름받았다면 이 길에서 승리하기 위하여 넘어진 곳에서 일어나 계속 걸어나가야 합니다. 그렇게 하여 사람이 달라져야 합니다. 생명을 만나는 환희와 깊이와 찬란함이 있어야 합니다.

물론 진정한 신앙의 과정에서는 늘 자책과 절망이 등장합니다. 우리는 이를 어떻게 극복할 수 있을까요? 인애하신 구세주여 내 말들으사 죄인 오라 하실 때에 날 부르소서, 이 찬송가 가사를 기억하는 것입니다. 죄인을 부르러 예수가 오셨음을 기억해야 극복할 수 있습니다.

이렇게 '하나님이 우리에게 은혜로우시다'를 찬송하는 것이 기독교입니다. 하나님이 우리의 복과 능력이 되시고 결국 우리를 승리로 이끄신다는 사실에서 '예수를 믿는다'는 말이 성립하는 것입니다. 우리를 부르셔서 복을 주시는 하나님의 영광에 대하여, 그분께서 보이시는 진리의 부요함에 대하여, 우리를 자녀로 부르셨다는 아버지 하나님의 사랑에 대하여 우리는 감격하게 됩니다.

그런데 우리는 이런 은혜에 대해 들으면 오히려 밤낮 죄짓고, 그러고 나서 말로만 때우는 회개를 하고, 또 죄짓고 회개로 때우는 일을 반복합니다. 이것이 바로 죄입니다. 은혜를 왜 이렇게 소극적으로만 사용할까요? 하나님이 또 용서해 주신다고 하시니 정말 감사하다, 이것으로 끝이 아니구나, 다시 일어나서 해 보자, 은혜는 이렇게 사용해야 합니다.

예수로 누리게 된 승리

다시 본문으로 돌아와 생각해 봅시다. 24절에 '오호라 나는 곤고한 사람이로다 이 사망의 몸에서 누가 나를 건져내랴'라는 한탄이 나오고, 25절에 '우리 주 예수 그리스도로 말미암아 하나님께 감사하리로다'라는 찬송이 이어집니다. 그다음에는 '그런즉 내 자신이 마음으로는 하나님의 법을, 육신으로는 죄의 법을 섬기노라'라는 술회가 나옵니다.

도무지 개선되거나 해결된 것이 없습니다. 소원은 있으나 실천은 할 수 없다, 나는 죄의 노예다, 그래서 나는 내가 소원하는 것을 할 수 없는 존재다, 라는 것입니다. 그리고 나서 8장 1절이 나옵니다. "그러므로 이제 그리스도 예수 안에 있는 자에게는 결코 정죄함이 없나니."

7장과 8장의 차이가 무엇입니까? 예수를 분기점으로 하여 나뉘는 과거와 현재입니다. 예수 이전에는 우리가 다 죄의 노예였으므로 설사 선한 일을 소원하더라도 할 수가 없었다는 것입니다. 그러나 지금은 다르다고 합니다. 지금 우리는 그리스도 예수 안에 있으므로 결코 정죄함이 없다는 것입니다. 이 말은 무슨 뜻입니까? 사망에 이르도록 하나님이 우리를 놓아두시지 않으셔서 이제 우리는 우리의 실수나 실패가 사망으로 끝나지 않는 새로운 세상에 들어왔다고 합니다. 우리는 이제 예수 안에 있다는 것이 현재입니다.

우리의 현재는 예수 안에서 이룬 새 생명 안에 있습니다. 우리는 부활을 운명으로 소유하게 되었습니다. 사망을 이기고 승리하는 운명을 가진 자로 살게 된 것입니다. 이런 우리에게 로마서가 하고 싶은 이야기가 바로 이것입니다. "그러므로 이제 그리스도 예수 안에 있는 자에게는 결코 정죄함이 없나니." 이 말씀이 고린도전서 15장에서는 이런 식으로 표현됩니다.

사망아 너의 승리가 어디 있느냐 사망아 네가 쏘는 것이 어디 있느냐 사망이 쏘는 것은 죄요 죄의 권능은 율법이라 우리 주 예수 그리스도로 말미암아 우리에게 승리를 주시는 하나님께 감사하노니 그러므로 내 사랑하는 형제들아 견실하며 흔들리지 말고 항상 주의 일에 더욱 힘쓰는 자들이 되라 이는 너희 수고가 주 안에서 헛되지 않은 줄 앎이라 (고전 15:55-58)

승리가 우리 바깥에서 옵니다. 우리가 만들어 내는 것이 아닙니다. 하나님이 이김을 주시는 것입니다. 우리가 할 일은 이 승리를 누리는 것뿐입니다. 우리가 만나는 모든 정황과 인생에서 이 승리를 누리기 바랍니다.

영으로 산다는 말의 의미

로마서 8장으로 돌아와 봅시다. '영으로 산다'는 말의 의미를 오해하는 사람들이 종종 있는데, 이 말은 사망을 이기고 부활하신 예수를 통해 보이신 하나님의 능력이 역사하는 세상 속에서 우리가 그분의 통치에 따르는 운명이 되었다는 의미입니다.

율법이 육신으로 말미암아 연약하여 할 수 없는 그것을 하나님은 하시나니 곧 죄로 말미암아 자기 아들을 죄 있는 육신의 모양으로 보내어 육신에 죄를 정하사 육신을 따르지 않고 그 영을 따라 행하는 우리에게 율법의 요구가 이루어지게 하심이니라 육신을 따르는 자는 육신의 일을, 영을 따르는 자는 영의 일을 생각하나니 육신의 생각은 사망이요 영의 생각은 생명과 평안이니라 육신의 생각은 하나님과 원수가 되나니 이는 하나님의 법에 굴복하지 아니할 뿐 아니라 할 수도 없음이라 육신에 있는 자들은 하나님을 기쁘시게 할 수 없느니라 만일 너희 속에 하나님의 영이 거하시면 너희가 육신에 있지 아니하고 영에 있나니 누구든지 그리스도의 영이 없으면 그리스도의 사람이 아니라 (롬 8:3-9)

이 본문을 읽을 때 주의해야 할 점이 있습니다. 이 말씀은 보이는 물질과 보이지 않는 거룩한 정신을 구별하는 이분법을 이야기하는 것이 아닙니다. 이 말씀에서 육신은 보이는 것이 전부인 줄 알고 있는 죄악 된 세상의 길을 가리키고, 영은 성령으로 대표되는 하나님의 은혜와 부활의 권능 아래에 살게 된 하나님의 백성의 길을 가리킵니다.

'영에 속한' 상태는 마음에 악한 생각이나 미혹이나 흠이 전혀 없이 온전한 마음으로 신앙생활을 하는 것을 의미하지 않습니다. 시험도 있고 두려움과 비겁한 생각도 드는 상황 속에서 신앙생활을 하는 것입니다. 아슬아슬하고 조마조마하지만 신앙을 놓치지 않고 살아가는 것을 가리킵니다.

그런데 우리는 거룩하고 옳은 생각만 하고 공평무사한 추상명사 같은 존재가 되고 싶어 합니다. 이는 터무니없는 생각입니다. 우리가 살아 있는 동안 세상의 위협과 시험은 그림자처럼 늘 우리를 따라다니지만 이것을 이겨나가야 합니다. 나를 세상과 죄에게 내어줄 수는 없어, 하면서 끝까지 성령을 붙잡고 늘어지는 것입니다. 잘 안되지만 지지 않기로 하는 것입니다.

인생을 살아오면서 배운 것이 있습니다. 잘난 척해 봤자 부질없고 고함질러 봤자 원한만 쌓이고 못나게 굴면 나만 손해라는 것을 깨닫습니다. 이렇게 한 걸음씩, 매해 떡국을 먹을 때마다 가락가락

속에 사무친 하나님의 은혜가 우리를 키워 나가는 것입니다. 그러니 겁내지 마십시오.

텔레비전 중계방송으로 골프 경기를 보면, 아무리 유명한 골퍼라고 해도 퍼팅(putting)할 때는 진지하게 합니다. 언젠가 골프 선수 타이거 우즈가 이런 말을 한 적이 있습니다. '이 짧은 퍼팅을 하는 순간 평생 해 왔던 모든 퍼팅이 머릿속을 훑고 지나간다.' 예전에 퍼팅하면서 빠트리고, 잡아당기고, 밀고, 놓쳤던 실수가 떠오른다고 합니다. 이 모든 생각이 쭉 스쳐 지나가는 파노라마 속에서 퍼팅하는 것입니다. 이런 생각 없이 퍼팅하는 일은 결코 없다고 합니다. 이 모든 생각 속에서 마음을 움켜잡고 지구를 들어 올리듯이 퍼팅합니다. 공을 넣는 사람은 넘치는 실력으로 넣는 것이 아니라 도망갈 수 없어서 쳐 넣는 것입니다. 잘되든 안되든 해 보아야 합니다.

실은 우리는 공을 못 넣어도 죽어지지는 않는 인생에 들어와 있습니다. '너, 실패하면 죽인다'가 아니라 '너를 실패와 못난 것 때문에 끝나는 인생으로는 놓아두지 않겠다, 이길 때까지 내가 너를 놓지 않겠다'라는 것이 로마서 8장의 이야기입니다.

그래서 로마서 8장은 육신을 따르는 자들과 영을 따르는 자들이라는 표현을 굳이 써서 우리가 누구인가, 구체적 역사 속에서 하나님이 우리의 인생과 운명을 어떻게 바꾸셨는가를 말씀합니다. 그리하여 그때는 "오호라 나는 곤고한 사람이로다 이 사망의 몸에서 누가 나를 건져내랴"라고 절규하는 처지에 있었는데 지금은 "그러므로 이제 그리스도 예수 안에 있는 자에게는 결코 정죄함이 없나니 이는 그리스도 예수 안에 있는 생명의 성령의 법이 죄와 사망의 법에서 너를 해방하였음이라"라는 자리로 온 것입니다. 우리를 하나님의 영광의 찬송이 되게 하려고 창세전에 목적하셨습니다. 세상을 만들기 전에, 우리를 만들기 전에 이미 목적하신 일입니다. 그러니 늠름하게 살아야 합니다. 겁내지 말고 넉넉하게 사십시오.

질문하기

1.

자책과 절망은 어떻게 극복할 수 있습니까?

_____

2.

'이제 그리스도 예수 안에 있는 자에게는 결코 정죄함이 없나
니'(롬 8:1)라는 말씀은 무슨 뜻입니까?

_____

3.

'영에 속한 상태'란 어떤 것입니까?

_____

나누기

신앙생활하면서 실패와 자책으로 인하여 오히려 더 분발하였던
경험을 서로 나누어 봅시다.

고난,
상속자의 권리

12 그러므로 형제들아 우리가 빚진 자로되 육신에게 져서 육신대로 살 것이 아니니라 **13** 너희가 육신대로 살면 반드시 죽을 것이로되 영으로써 몸의 행실을 죽이면 살리니 **14** 무릇 하나님의 영으로 인도함을 받는 사람은 곧 하나님의 아들이라 **15** 너희는 다시 무서워하는 종의 영을 받지 아니하고 양자의 영을 받았으므로 우리가 아빠 아버지라고 부르짖느니라 **16** 성령이 친히 우리의 영과 더불어 우리가 하나님의 자녀인 것을 증언하시나니 **17** 자녀이면 또한 상속자 곧 하나님의 상속자요 그리스도와 함께 한 상속자니 우리가 그와 함께 영광을 받기 위하여 고난도 함께 받아야 할 것이니라 (롬 8:12-17)

더 이상 정죄가 없는 지위

로마서 8장에서 중요한 선언 중 하나는 16절입니다. "성령이 친히 우리의 영과 더불어 우리가 하나님의 자녀인 것을 증언하시나니." 여기서 보듯이 우리는 하나님의 자녀입니다. 로마서 7장이 하나님 없이 죄 가운데 살던 과거를 설명하는 것이라면, 8장은 예수 그리스도로 말미암은 구원으로 하나님의 자녀가 되어 그분과의 관계가 정상화된 현재를 그리고 있습니다.

로마서 7장과 8장의 대조는 7장 24절과 8장 1절에서 확연히 드러납니다. 7장 24절의 "오호라 나는 곤고한 사람이로다 이 사망의 몸에서 누가 나를 건져내랴"라는 과거와 8장 1절의 "그러므로 이제 그리스도 예수 안에 있는 자에게는 결코 정죄함이 없나니"의 현재가 대조되는 것입니다. 많은 신자들이 로마서 7장과 8장의 대조를 분명하게 이해하지 못하는 것 같습니다. 성경이 과거와 현재를 대조하고 있다는 것을 이해하지 못해, 살면서 죄를 짓는 문제에 직면하면 7장으로 갔다가 믿음이 좋아지면 다시 8장으로 오곤 합니다.

우리가 더 이상 정죄를 받지 않는 지위와 운명에 이미 들어와 있다는 것이 로마서 8장의 이야기입니다. 법을 기준으로 하면 정죄가 있지만, 사랑을 기준으로 하면 심판이란 있을 수 없습니다. 잘못할 때가 있더라도 예수 안에서 하나님과의 관계가 정상화된 다음에는 이 관계가 깨어지는 법이 없으므로 잘못하면 혼나더라도 구원은 취소되지 않으며 이렇게 더러움과 부끄러움과 못난 자리에서 영광과 명예로 나아가도록 인도받는다고 말씀하는 것입니다.

그러니 두려워하지 말라고 합니다. 8장 15절에 보듯 '양자의 영을 받았으므로 우리가 아빠 아버지라고 부르짖'을 수 있기 때문입니다. 두려움에 대해서는 요한일서 4장이 잘 설명하고 있습니다. 요한일서 4장 18절은 중요한 구절이므로 꼭 기억하기 바랍니다.

사랑 안에 두려움이 없고 온전한 사랑이 두려움을 내쫓나니 두려움에는 형벌이 있음이라 두려워하는 자는 사랑 안에서 온전히 이루지 못하였느니라 (요일 4:18)

그러므로 그리스도 예수 안에 있는 자에게는 결코 정죄함이 없다고 선언한 말씀을 기억해야 합니다.

로마서가 제시하는 큰 틀

이러한 흐름을 이해하기 위해 로마서 1장에서 시작하여 로마서 8 장에 이르는 내용을 개관해 보겠습니다. 1장 16절에서 복음을 이렇 게 선언합니다. '내가 복음을 부끄러워하지 아니하노니 이 복음은 모든 믿는 자에게 구원을 주시는 하나님의 능력이 됨이라.' 복음은 하나님의 능력이라고 정의됩니다. 16절에서는 '모든 믿는 자에게' 라고 표현하였으나, 믿음을 조건으로 제시하고 있지는 않습니다. 하나님의 능력이 믿음이라는 방식으로 주어지고 있음을 가리킵니 다. 믿음은 율법과 대조되는 것으로 구원을 받는 자가 스스로 어떤 자격이나 조건을 충족하여서 구원을 이루는 것이 아니라 구원하시 는 분이 은혜와 선물이라는 방식으로 구원을 주신다는 사실을 나 타내는 단어입니다. 그래서 믿음은 하나님의 능력을 드러냅니다.

복음이 왜 필요할까요? 1장 18절부터 3장 20절까지 보면, 우리 가 하나님 없이 살아 부패하고 왜곡되고 죽음의 상태에 있다고 선 언합니다. 3장 10절에서 12절은 인간의 상태를 이렇게 요약합니다. '의인은 없나니 하나도 없으며 깨닫는 자도 없고 하나님을 찾는 자 도 없고 다 치우쳐 함께 무익하게 되고 선을 행하는 자는 없나니 하 나도 없도다.' 인간의 상태가 이러하기에 3장 20절에서는 '그러므 로 율법의 행위로 그의 앞에 의롭다 하심을 얻을 육체가 없나니'라 고 하여 인류에게 희망이 없다고 단정합니다.

그리고 마침내 복음이 등장합니다. 3장 21절입니다. '이제는 율 법 외에 하나님의 한 의가 나타났으니.' 예수 그리스도 안에서 나타 난 하나님의 한 의는 율법과 선지자들에게 증거를 받은 것으로, 차별이 없다고 설명합니다. "곧 예수 그리스도를 믿음으로 말미암아 모든 믿는 자에게 미치는 하나님의 의니 차별이 없느니라." 차별 없이 주어지는 하나님의 의, 곧 잘했고 못했고의 구별이나 유능하고 무능하고의 구별과 상관없이 하나님이 주시는 구원입니다. 구원이 이렇게 선언되었습니다.

구원은 우리가 만들어서 얻는 보상이 아니라, 하나님이 은혜로, 다른 표현으로는 믿음으로 주신 것입니다. 로마서 4장에서는 아브라함을 언급하여 이 믿음을 더 깊게 설명합니다. 믿음의 조상 아브라함은 어떻게 의롭다 하심을 얻었습니까? 아브라함에게 의롭다 하신 것은 아브라함의 실력 때문이 아니고, 그가 받은 의는 하나님이 주신 것으로, 하나님의 의요 하나님의 자비라고 합니다. 이것이 복음이 성립되는 방식이라고 4장이 설명합니다.

이어 5장에서는 대표 원리로 구원을 설명합니다. 아담 안에서 모든 사람이 죽은 것이, 모든 인류가 아담의 후손으로서 아담의 범죄에 갇힌 것이 그토록 영향력이 큰 사실이었다면, 하나님의 아들인 예수 안에서 인류에게 일어난 일은 어찌 더 크게 영향을 미치지 않겠느냐, 이것이 5장의 메시지입니다. 아담 안에서 우리 모두가 죽었던 것같이 예수 안에서 우리 모든 인류는 살아나리라는 것입니다.

이어 6장은 이런 질문으로 시작합니다. '그런즉 우리가 무엇을 하리요.' 은혜로 구원을 얻었으니 아무렇게나 살아도 좋을까요? 답은 그럴 수 없다, 입니다. 죽음을 향해 가던 인생에서, 못나게 살던 인생에서 부활과 영광으로 새 생명을 얻었으니 이제는 바로 살아야 할 것 아닌가, 이것이 답입니다. 죄가 너희를 주관하지 못할 것이고, 이전에 너희가 아담의 후손으로서 죄의 권세에 속수무책으로 붙잡혀 있었다면, 이제는 생명과 성령의 법이 죄와 사망의 법에서 너희를 해방하였다고 합니다. 이 두 상태가 대조됩니다.

우리는 못났고 또한 실수할 수 있습니다. 그러나 그렇다고 하여 우리의 운명이 바뀌지는 않습니다. 아담 안에서 모든 사람이 죽은 것같이 예수 안에서 하나님의 자녀들은 모두 승리할 것입니다. 우리는 새 생명을 가진 자입니다. 사망에게 지지 않는 생명을 갖고 있습니다. 사망이 우리에게 왕 노릇하지 못합니다.

사망이 우리를 주장하지 못하고 생명이 우리를 주장합니다. 사망은 우리를 위협할 것이며 유혹할 것입니다. 우리는 아마 여러 번 넘어질 것입니다. 그러나 이 넘어짐은 넘어짐으로 끝나지 않고 우리를 다시 일어서게 만들 것입니다. 그 넘어짐이 우리를 더 단련하고 더 깊게 만들어 갈 것입니다.

고난 속으로 보내시는 하나님의 부르심

복음의 놀라운 점은 하나님이 당신을 외면한 인간을 구원하기로 작정하시고 당신의 아들을 보내셨다는 사실에 있습니다. 우리를 구원하기 위하여 당신의 아들을 십자가에 못 박아 아무 자격이 없고 구원에 대한 아무런 이해가 없는 우리를 구원하셨습니다. 로마서 5장 8절에서 보듯이 '우리가 아직 죄인 되었을 때에 그리스도께서 우리를 위하여 죽으심으로 하나님께서 우리에 대한 자기의 사랑을 확증하셨'습니다. 우리가 자격이 없고 이해하지 못할 때, 우리가 요구하기도 전에 하나님이 이루신 구원입니다. 이 구원은 매우 신비하고 놀라워서 많은 사람들이 '왜 나를(Why me)?'이라는 표현을 남겼습니다. '주님, 왜 저입니까, 왜 저 같은 것을 구원하십니까?'

그리고 성경은 이러한 구원을 고난과 연결하여 설명합니다. 로마서 8장 17절에서 '자녀이면 또한 상속자 곧 하나님의 상속자요 그리스도와 함께 한 상속자니 우리가 그와 함께 영광을 받기 위하여 고난도 함께 받아야 할 것'이라고 합니다. 우리를 구원하신 사실만이 놀라운 것이 아닙니다. 또 하나 놀라운 것은 하나님이 당신의 의지와 성의와 능력을 동원하여 죄 가운데서 꺼낸 당신의 백성을 고난으로 집어넣는다는 사실입니다.

우리를 죄와 사망의 자리에서 은혜와 능력으로 불러내신 하나님은 우리를 환난 속으로 보내십니다. 고난 속으로 보내십니다. 참으로 신비로운 부르심이라서 우리가 잘 이해하지 못하는 부분입니다. 로마서 8장 12절을 다시 봅시다.

> 그러므로 형제들아 우리가 빚진 자로되 육신에게 져서 육신대로 살 것이 아니니라 너희가 육신대로 살면 반드시 죽을 것이로되 영으로써 몸의 행실을 죽이면 살리니 무릇 하나님의 영으로 인도함을 받는 사람은 곧 하나님의 아들이라 (롬 8:12-14)

로마서에서 말하는 '육신'은 하나님 없이 사는 존재나 삶을 가리킵니다. 반면에 하나님과 화목하게 되어 그분의 자녀로 존재하며 하나님과 긍정적 관계 속에 사는 인생을 '영'이라고 합니다. 이 '영'이라는 단어는 '성령이 임하셨다'를 염두에 둔 표현입니다. '성령이 임하셨다'는 것은 체험적 사건에 불과한 것이 아니라 예수 그리스도의 죽으심에 대한 증언인 성령이 오셨음을 의미합니다. 성령은 예수가 누구신지를 증언하러 오신 분입니다. 예수와 그의 죽으심을 빼놓고 성령을 논할 수는 없습니다.

이런 이유에서 하나님과 긍정적 관계, 아버지와 자녀라는 관계에 들어와 살게 된 존재와 삶의 방식을 '영'이라고 표현합니다. "너희가 육신대로 살면 반드시 죽을 것이로되 영으로써 몸의 행실을 죽이면 살리니"라는 말씀은 종교적이고 윤리적인 명분을 주장하는 것이 아니라, '영'을 따라 살아가는 삶의 방식을 말하는 것입니다. 그리고 그와 같은 삶의 방식은 17절에 있는 것과 같이 다시 고난으로 설명되어 있습니다.

> 자녀이면 또한 상속자 곧 하나님의 상속자요 그리스도와 함께 한 상속자니 우리가 그와 함께 영광을 받기 위하여 고난도 함께 받아야 할 것이니라 (롬 8:17)

예수가 그리하신 것처럼 고난을 통해서만 이 구원의 궁극적인 자리와 영광의 자리에 들어간다고 합니다.

로마서 8장 17절은 우리를 기다리는 삶이 고난의 삶이라고 합니다. 그리스도인에게 권면하는 삶이 빚어지려면 고난이라는 과정을 거쳐야 하며 하나님은 우리 안에 영을 따르는 삶을 이루시기 위해서 우리를 예수처럼 십자가와 고난의 길로 인도하신다는 것을 잊지 않아야 한다는 것입니다.

외면당하며 살아야 하는 인생

우리는 진심과 소원을 모으면 온유, 겸손, 사랑 같은 것을 만들어 낼 수 있다고 착각합니다. 그래서 이런 기도를 합니다. '하나님, 제게 무슨 다른 소원이 있겠어요, 그저 주를 위해서 살고 싶어요, 그러니 건강하게 해 주시고 저한테 기회도 주세요, 저한테 돈을 주시면 저를 위해서 쓰지 않을 거예요, 그저 정신만 좀 차리게 해 주세요?'

그러나 이런 소원과 신령한 생각이 있다면, 십자가를 지는 길로 가십시오. 그래야만 이 신령한 생각이 구체화될 수 있다는 것을 잊지 말아야 합니다. 여기에 예외란 없습니다. 하나님이 구체화하시는 방법이 우리가 갖는 막연한 기대와 얼마나 다른 차원의 것인지 이해하시겠습니까?

예수님이 이 땅에 오셨던 당시에도 그러했듯이, 인류는 지금도 세상의 창조주이시며 인류를 위하여 오신 구원자이신 그분을 외면하고 있습니다. 그러나 바로 예수와 같이, 아무것도 아닌 것처럼 인생 속에 묻혀서 아무것도 아닌 일을 하며 사는 것이 신자의 마땅한 임무입니다. 복음이 무엇인지 아는 자들은 세상에 묻혀 외면당하는 인생을 기꺼이 걷게 됩니다.

하나님의 일하심이 우리로 깊은 신앙의 소원을 만들게 한다면 어디로 걸어 들어가야 하는지 잘 생각해 보기 바랍니다. '자녀이면 또한 상속자 곧 하나님의 상속자요 그리스도와 함께 한 상속자이니 그와 함께 영광을 받기 위하여 고난도 함께 받아야 할 것'이라고 하십니다. 이것이 하나님이 일하시는 방법입니다. 이것이 앞에서 말했던 신비입니다. 그 자녀의 대표인 예수 그리스도가 죄인을 구원

하되 십자가의 고난으로 열어 놓으신 길입니다. 하나님은 당신의
자녀들을 이 신비, 곧 고난으로 인도하십니다.

질문하기

1.

잘못할 때가 있더라도 예수 안에서 하나님과의 관계가 회복된 다음에는 이 관계가 깨어지는 법이 없다는 사실은 우리를 어디로 인도합니까?

2.

우리를 죄와 사망의 자리에서 은혜와 능력으로 불러내신 하나님은 우리를 어디로 보내십니까?

3.

하나님을 향한 우리의 진실한 소원과 신령한 생각을 구체화하려면 어디로 가야 합니까?

나누기

신자는 고난을 바라보는 관점에서 세상과 어떻게 달라야 할지 구체적으로 나누어 봅시다.

03

정황,
본문을 만들어 내시는
자리

18 생각하건대 현재의 고난은 장차 우리에게 나타날 영광과 비교할 수 없도다 19 피조물이 고대하는 바는 하나님의 아들들이 나타나는 것이니 20 피조물이 허무한 데 굴복하는 것은 자기 뜻이 아니요 오직 굴복하게 하시는 이로 말미암음이라 21 그 바라는 것은 피조물도 썩어짐의 종 노릇 한 데서 해방되어 하나님의 자녀들의 영광의 자유에 이르는 것이니라 22 피조물이 다 이제까지 함께 탄식하며 함께 고통을 겪고 있는 것을 우리가 아느니라 23 그뿐 아니라 또한 우리 곧 성령의 처음 익은 열매를 받은 우리까지도 속으로 탄식하여 양자 될 것 곧 우리 몸의 속량을 기다리느니라 24 우리가 소망으로 구원을 얻었으매 보이는 소망이 소망이 아니니 보는 것을 누가 바라리요 25 만일 우리가 보지 못하는 것을 바라면 참음으로 기다릴지니라 26 이와 같이 성령도 우리의 연약함을 도우시나니 우리는 마땅히 기도할 바를 알지 못하나 오직 성령이 말할 수 없는 탄식으로 우리를 위하여 친히 간구하시느니라 27 마음을 살피시는 이가 성령의 생각을 아시나니 이는 성령이 하나님의 뜻대로 성도를 위하여 간구하심이니라 (롬 8:18–27)

고난으로 채워지는 시간

본문에서는 고난, 영광, 소망이라는 단어가 중요합니다. 고난에 대해서는 18절에서 '현재의 고난은 장차 우리에게 나타날 영광과 비교할 수 없'다고 합니다. 영광에 대해서는 21절에서 '그 바라는 것은 피조물도 썩어짐의 종 노릇 한 데서 해방되어 하나님의 자녀들의 영광의 자유에 이르는 것'이라고 언급합니다. 24절에서는 '우리가 소망으로 구원을 얻었으매 보이는 소망이 소망이 아니니'라고 하여 소망을 강조합니다.

우리는 본문이 그 앞에 있는 17절, "자녀이면 또한 상속자 곧 하나님의 상속자요 그리스도와 함께 한 상속자니 우리가 그와 함께 영광을 받기 위하여 고난도 함께 받아야 할 것이니라"라는 말씀에 이어진다는 점을 기억해야 합니다. 자녀는 일꾼이나 노예의 신분과 대조되는 지위를 가지고 있습니다. 일꾼에게는 단지 일한 보수를 주면 그것으로 끝이지만 자녀는 다릅니다. 자녀에게는 보수를 주지 않고 기업을 물려줍니다. 자녀는 일한 만큼 대가를 받는 지위가 아니라 아버지의 기업과 유산을 이어받는 상속자입니다. 우리가 하나님의 자녀라면 하나님의 기업과 유산을 이어받기 위해서는 고난도 함께 받아야 한다고 성경은 이야기합니다. 이는 매우 중요한 문제이므로 깊이 다루고자 합니다.

하나님이 고난으로 일하신다는 것을 모르면 어떤 문제가 생길까요? 현실을 인과응보로만 이해하게 됩니다. 인과응보가 우리 이해의 틀의 전부가 되어 버립니다. 잘하면 복 받고 못하면 벌 받는다는 이 틀은 물론 하나님이 일하시는 대원칙 중 하나이며 하나님의 공의의 중요한 질서에 속한 것이지만, 이는 하나님의 속성 가운데 한 가지를 반영할 뿐입니다. 하나님은 이것보다 크십니다. 용서, 회복, 사랑, 구원, 믿음과 같은 것은 인과응보라는 틀에서는 생각할 수 없습니다. 더 나아가 법칙이라는 관점으로 구원을 이해하면 곤란하다는 점을 기억해야 합니다. 예수로 말미암은 구원은 예수가 법칙이 아니라 인격이라는 점을 가리킵니다.

고난과 정황

하나님이 당신의 영광을 드러내시는 가장 대표적인 방법이자 가장 기뻐하시는 방법은 예수와 십자가입니다. 우리를 완성하시어 우리로 그의 영광의 찬송이 되게 하는 방법도 고난으로 정하셨다고 이야기합니다. 그러니 고난을 적극적으로 이해해야 합니다. '고난에도 불구하고'가 아닙니다. '고난으로만'입니다. 히브리서 2장을 봅시다.

> 오직 우리가 천사들보다 잠시 동안 못하게 하심을 입은 자 곧 죽음의 고난 받으심으로 말미암아 영광과 존귀로 관을 쓰신 예수를 보니 이를 행하심은 하나님의 은혜로 말미암아 모든 사람을 위하여 죽음을 맛보려 하심이라 그러므로 만물이 그를 위하고 또한 그로 말미암은 이가 많은 아들들을 이끌어 영광에 들어가게 하시는 일에 그들의 구원의 창시자를 고난을 통하여 온전하게 하심이 합당하도다 (히 2:9-10)

예수는 고난을 통해 하나님의 영광을 완성하십니다. 십자가, 수치와 고통, 그리고 죽음입니다. 죽음을 맛본다는 것이 무엇일까요? 죽음은 최악의 상황이며 아무것도 아닌 것이 되는 일입니다.

성경적 이해로 보면, 죄란 하나님을 떠나 하나님이 없는 상태이고 이는 곧 죽음을 의미합니다. 하나님을 떠나면 생명과 진리와 승리와 영광의 근거가 없어집니다. 이 모든 것이 오직 하나님으로부터만 나오기 때문입니다. 더 나아가, 적극적 의미에서 죄란 하나님을 거부하고 외면하는 것입니다. 죽을 자리로 스스로 들어간 것입니다.

그런데 하나님은 거기까지 찾아들어 오십니다. 이것이 바로 예수의 고난입니다. 우리가 만든 비참한 현실에 예수가 들어오시는 것입니다. 하나님이 예수를 우리가 잘못한 그 자리에 보내셔서 우리가 아무리 잘해도 얻을 수 없는 결과를 우리에게 주십니다. 이것이 은혜요, 사랑이요, 하나님의 능력입니다.

우리는 고난을 부정적으로만 이해하는 경향이 있습니다. 그래서 언제나 고난은 잘못했을 때만 받는 벌로 생각하여 누군가 고난을 당하면 무언가 잘못을 저질렀기 때문이라고 생각하지, 하나님이 고난으로 일하신다는 생각은 못합니다.

고난은 우리 인생 전반에 걸쳐 있는 현실입니다. 사람은 언제쯤 고난이라는 것을 깨닫기 시작합니까? 사춘기입니다. 사춘기란 인생이 기대와 다르다는 것을 아는 시기입니다. 아무리 해도 안되고 잘하려고 해도 잘하게 되지 않는다는 것을 아는 시기입니다. 세상에 대해서 놀라게 되고 자신에 대해서 놀라게 되는 시기가 바로 사춘기입니다. 철이 들려면 이 관문 곧 의심과 불만의 관문을 통과해야 합니다.

젊었을 때에는 시간을 죽이는 것 말고는 이 관문 앞에서 어떻게 하면 좋을지 다른 방법을 찾지 못합니다. 생각하기 시작하면 고달프기 때문에 시간을 죽이는 것밖에 할 것이 없습니다. 야구 구경하러 가고 설악산 가고 싸우고 악을 쓰며 시간을 죽입니다. 자신이 태어난 것이 죄라는 것을 압니다. 답이 없는 인생에 태어난 것을, 살면서 이 꼴을 당하는 것을 어쩌지 못해서 시간을 죽이는 것입니다.

하나님은 왜 우리를 이 모양으로 놓아두실까요? 그것은 하나님이 우리의 몸체를 키우고 계시기 때문입니다. 이때 자랍니다. 키가 크고 체중이 늘고 지능이 발달하고 많은 것을 경험합니다. 현실을 직시하고 그리고 도망갈 수 없다는 것을 배웁니다. 철학과 사변으로 깨닫는 것이 아닙니다. 도망갈 수 없는 현실을 삶에서 너무나 충분히 확인하게 됩니다. 나의 한계가 무엇인가, 내가 어디에 속했는가, 그리고 내가 속한 사회가 무엇인가를 이때 배웁니다.

이때 세상은 이런 우리의 마음속에 원망을 넣고, 마음에 안 드는 자를 죽여서 얻는 해결인 보복을 넣고, 문제를 해결할 수 있다는 권력에 대한 욕망을 넣습니다. 그러나 믿는 자들에게 하나님은 예수를 넣어 주십니다.

따지고 보면 우리가 어느 시대에 태어나 어떤 정치·경제적 조건 속에 있었는가, 어느 부모 밑에서 어떤 유전자를 가지고 태어났는가는 별 차이가 없습니다. 그것은 모두 컨텍스트(context)이기 때문입니다.

여기서 말하는 컨텍스트는 자기 자신의 정황, 하나님이 우리 각자에게 주신 정황을 말합니다. 나라는 존재를 만들어 낸 환경, 유전, 유산이 컨텍스트입니다. 우리를 담는 그릇입니다. 급한 성격, 착한 마음, 무지, 경솔 같은 각자의 성정도 또한 이 그릇입니다.

어떤 정황 속에서도 만들어지는 본문

예수가 오신 목적을 히브리서 2장 9절은 이렇게 말합니다. '죽음을 맛보려 하심이라.' 하나님을 거부하여 파멸로 갈 수밖에 없는, 아무 가치도 없는 인간의 자리에 주께서 들어오셔서 그가 속한 컨텍스트에 텍스트 곧 본문을 담으시겠다는 것입니다.

그 무엇도 만들어 낼 수 없을 것 같은 억울한 모든 정황, 우리가 겪은 고난 자체는 문제가 아닙니다. 이 자리에 하나님이 본문을 넣을 수 있다면, 우리가 겪는 고난은 오히려 하나님이 뜻을 이루시려 우리를 보내신 자리가 되는 것입니다. 예수께서 죽음의 자리까지 찾아오셔서 본문이 되신 것처럼 말입니다.

죽음보다 못한 정황은 없습니다. 십자가란 인간이 만들 수 있는 최악의 경우이며, 인간의 배신과 무지로 만든 수치입니다. 우리를 만드시고 우리에게 복을 주시려고 오신 이를 팔아먹고 비난하고 누명을 뒤집어씌운 자리입니다. 하나님이 이런 자리와 이런 정황에도 본문을 담으셨다면, 우리의 인생에야 얼마든지 본문을 채우실 수 있지 않겠습니까? 그러니 고난이란 결국 본문을 담아내고야 마는 하나님의 일하심의 현장인 것입니다. 고린도후서 4장에 와 보십시오.

> 우리는 우리를 전파하는 것이 아니라 오직 그리스도 예수의 주 되신 것과 또 예수를 위하여 우리가 너희의 종 된 것을 전파함이라 어두운 데에 빛이 비치라 말씀하셨던 그 하나님께서 예수 그리스도의 얼굴에 있는 하나님의 영광을 아는 빛을 우리 마음에 비추셨느니라 우리가 이 보배를 질그릇에 가졌으니 이는 심히 큰 능력은 하나님께 있고 우리에게 있지 아니함을 알게 하려 함이라
>
> (고후 4:5-7)

보배를 질그릇에 가졌다고 합니다. 이 본문을 의역하면 '이 보배를 질그릇 같은 삶에 가졌으니'입니다. 우리의 정황은 보잘것없습니다. 우리의 지위나 능력이나 영향력도 보잘것없습니다. 이런 질그릇이 보배를 담고 있다고 합니다. 다시 말하면 하나님이 우리를 질

그릇 같은 정황으로 보내십니다.

> 우리가 사방으로 욱여쌈을 당하여도 싸이지 아니하며 답답한 일
> 을 당하여도 낙심하지 아니하며 박해를 받아도 버린 바 되지 아니
> 하며 거꾸러뜨림을 당하여도 망하지 아니하고 우리가 항상 예수
> 의 죽음을 몸에 짊어짐은 예수의 생명이 또한 우리 몸에 나타나게
> 하려 함이라 우리 살아 있는 자가 항상 예수를 위하여 죽음에 넘
> 겨짐은 예수의 생명이 또한 우리 죽을 육체에 나타나게 하려 함이
> 라 그런즉 사망은 우리 안에서 역사하고 생명은 너희 안에서 역사
> 하느니라 (고후 4:8-12)

우리는 사방으로 욱여쌈을 당하고 답답한 일을 당하고 박해를 받
으며 거꾸러뜨림을 당하고 예수의 죽음을 몸에 짊어진다고 합니다.
그러나 이런 일은 어쩌다 보니 생긴 것이 아니라 하나님이 우리를
보내신 자리이므로 이런 일을 당해도 괜찮다고 합니다. 우리가 바
로 이 자리에 보내심을 받았다는 것을 알라는 것입니다.

또한 우리 역시 거꾸러뜨림을 당하는 자들에게 보내집니다. 우
리도 동일한 컨텍스트를 지니고 있으므로 그들이 우리를 이웃으로
받아 줄 것입니다. 거기서 우리는 예수를 담고 살아가는 것입니다.

우리는 유능하고 흠 없고 진실하고 헌신적인 컨텍스트에만 텍스
트가 담길 수 있다고 생각합니다. 그래서 그릇을 멋있게 만드느라
보냄 받은 자리를 외면합니다. 보냄을 받은 이 자리 말고 어디로 가
고 싶습니까? 누군가에게 발언할 수 있는 자리로 가고 싶습니까?
이미 우리가 있는 자리가 바로 그 자리입니다.

우리가 없는 곳이 한 군데도 없도록 하나님은 우리 모두를 각각 온갖 삶의 정황 속으로 보내십니다. 이 모든 자리에서 우리는 무엇을 겪게 될까요? 사방으로 욱여쌈을 당하여도 싸이지 않고, 답답한 일을 당하여도 낙심하지 않습니다. 어떻게 그럴 수 있을까요? 우리에게는 본문이 있기 때문입니다. 본문이 누구십니까? 바로 예수 그리스도입니다.

하나님이 일하시는 우리의 자리

하나님은 우리 개개인을 구원하는 정도를 넘어 창조 세계 전체를 회복하려고 하십니다. 모든 피조물의 회복을 목적하고 계십니다. 그래서 우리가 존재하는 것입니다.

예수를 믿고 나서 받게 되는 보상은 하나님의 구원 사역에 동참하게 되는 일입니다. 우리가 사는 시대와 장소는 이미 그곳에 사는 이웃들 앞에 우리가 보냄을 받은 컨텍스트인 것입니다. 우리는 그들과 동일한 조건 속으로 들어갑니다. 같은 컨텍스트인 억울한 자리, 무능한 자리, 무명한 자리에 들어갑니다.

그러니 우리 인생에서 성공이나 실패는 겉모습만 보아서는 알 수 없는 것입니다. 우리가 잘됐다고 생각하는 곳에서도 본문이 없으면 허망합니다. 이해할 수 없는 정황에서도 본문을 품고 있으면 우리는 복 있는 사람입니다. 우리는 이 일에 소망을 품어야 합니다. 완성될 때까지 중단하지 않으시는 하나님의 일하심에 대한 이해를 가지고 우리의 자리를 지켜야 합니다.

우리의 삶이 온 우주를 회복하시려는 하나님이 일하시는 자리라고 이해하지 않으면 우리는 억울해서 살 수 없습니다. 삶은 해결되지 않은 것투성입니다. 우리가 해결할 수 있는 것은 거의 없습니다. 하나님은 우리에게 이웃이 우는 자리에 들어가 함께하라고 하십니다. 우는 자들과 함께 울고, 웃는 자들과 함께 웃는 것은 교황쯤 되어야 할 수 있는 일이 아닙니다. 보냄을 받은 자라면 누구나 할 수 있습니다. 부유한 자의 자리에 서 있거든 그들 속에서 본문을 가진 자로서 살아가고, 가난한 자의 자리에 서 있거든 본문을 가진 자로서 하나님의 일하심을 누리고 증언하십시오.

질문하기

1.

하나님이 고난으로 일하신다는 것을 모르면 어떤 문제가 생깁니까?

_____

2.

하나님이 우리의 인생에 얼마든지 본문을 담을 수 있다는 확신은 무엇을 근거로 가질 수 있습니까?

_____

3.

하나님이 우리를 이웃에게 보내셔서 요구하시는 것은 무엇입니까?

_____

나누기

사람들이 유능하고 흠 없고 진실하고 헌신적인 컨텍스트에만 매달리는 이유는 무엇일까요?

성화,
예수와의 연합

26 이와 같이 성령도 우리의 연약함을 도우시나니 우리는 마땅히 기도할 바를 알지 못하나 오직 성령이 말할 수 없는 탄식으로 우리를 위하여 친히 간구하시느니라 27 마음을 살피시는 이가 성령의 생각을 아시나니 이는 성령이 하나님의 뜻대로 성도를 위하여 간구하심이니라 28 우리가 알거니와 하나님을 사랑하는 자 곧 그의 뜻대로 부르심을 입은 자들에게는 모든 것이 합력하여 선을 이루느니라 29 하나님이 미리 아신 자들을 또한 그 아들의 형상을 본받게 하기 위하여 미리 정하셨으니 이는 그로 많은 형제 중에서 맏아들이 되게 하려 하심이니라 30 또 미리 정하신 그들을 또한 부르시고 부르신 그들을 또한 의롭다 하시고 의롭다 하신 그들을 또한 영화롭게 하셨느니라 (롬 8:26-30)

모든 것이 합력하여

로마서 8장은 신자의 삶을 이렇게 요약합니다. 예수를 믿어 하나님과 화목하게 된 신자는 이제 하나님의 영광을 바라며 살게 됩니다. 그런데 신앙의 여정을 걷는 구체적 과정은 고난으로 준비되어 있습니다. 하나님은 예수 그리스도에게 그리하셨듯이, 우리에게도 영광된 승리의 자리까지 고난이라는 과정을 통해 인도하십니다.

이 고난이 얼마나 큰지에 대해서는 8장 20절 이하에 잘 소개되어 있습니다. 먼저 20절에서는 피조물이 허무한 데 굴복하는 것은 자기 뜻이 아니라 오직 굴복하게 하시는 이로 말미암음이라고 합니다. 이어 22절은 피조물인 창조 세계가 모두 탄식하며 함께 고통을 겪고 있다고 하며, 23절에서는 성령의 처음 익은 열매를 받은 우리까지도 탄식하며 몸의 속량을 기다리고 있다고 말씀합니다. 또한

26절에 보듯 성령도 마땅히 기도할 바를 알지 못하는 우리의 연약함을 도우셔서 말할 수 없는 탄식으로 우리를 위하여 간구하신다고 합니다. 22절과 23절에 나온 탄식이 우리의 고통의 깊이를 표현하는 것이라면, 26절에 나온 성령의 탄식은 대강 하지 않으시겠다는 하나님의 의지를 표현합니다.

그런데 우리는 이런 것이 겁이 납니다. 예수를 믿으면 안 믿을 때보다 좀 나아져야 할 것 같은데, 믿어서 더 힘들어진다고 하면 가능한 한 늦게 믿는 편이 나을 것 아닙니까? 또 믿으면서 경험했듯이 내가 과연 뭘 잘못했는가, 이게 뭔가, 싶은 생각이 당연히 들 것입니다. 이런 고민에 대하여 로마서 8장이 하나님의 일하심에 대한 분명한 이해를 촉구하며 답을 줍니다. 28절을 봅시다.

우리가 알거니와 하나님을 사랑하는 자 곧 그의 뜻대로 부르심을 입은 자들에게는 모든 것이 합력하여 선을 이루느니라 (롬 8:28)

이 말씀은 매우 중요합니다. '모든 것이 합력하여 선을 이룬다'는 표현은 우리가 우리 자신을 부추겨 채찍질하고 노력하여 도달하는 결과를 이야기하지 않고, 우리의 능력이나 책임의 한도를 넘어선 어떤 운명을 분명히 제시해 주기 때문입니다. 이 말씀은 '우리가 최선을 다하면'이라든가 '열심히 기도하면'과 같은 우리의 진정성이나 성의를 조건으로 하여 도달할 수 있는 것보다 더 큰 범위를 포괄하고 있습니다. 28절의 '모든 것'에는 우리가 미처 이해하지 못한 것, 우리가 미처 살아 내지 못한 것까지 포함됩니다. 이런 차원에서 본문이 이야기하는 바를 따라가 봅시다. 29절입니다.

하나님이 미리 아신 자들을 또한 그 아들의 형상을 본받게 하기 위하여 미리 정하셨으니 이는 그로 많은 형제 중에서 맏아들이 되게 하려 하심이니라 또 미리 정하신 그들을 또한 부르시고 부르신 그들을 또한 의롭다 하시고 의롭다 하신 그들을 또한 영화롭게 하셨느니라 (롬 8:29-30)

'미리'라는 표현에서 우리의 이해, 우리의 결단, 우리의 노력, 우리의 업적보다 앞서는 하나님의 섭리가 있음을 알 수 있습니다. 우리가 한 일에 대해 보상이나 심판을 받는 것보다 더 큰 하나님의 의지가 있음을 강조하고 있습니다. 이 하나님의 의지는 시간상으로도 언제나 우리를 앞서 있습니다. '우리가 아직 죄인이었을 때에 죽으신 예수'에서 보듯이 복음의 운명적 승리를 미리 약속하고 있는 것입니다.

'미리 아신 자들'이란 무슨 뜻입니까? 하나님이 우리를 만드셨기 때문에 아신다는 뜻입니다. 내가 너를 나의 뜻과 목적을 가지고 만들었으므로 내가 너를 안다는 뜻입니다. 또한 그가 우리를 미리 정하셨습니다. 정하셔서 무엇을 하셨습니까? 부르시고 의롭다 하시고 영화롭게 하셨습니다. 모든 믿는 자의 현실은 어디쯤 와 있는 것일까요? 부르심을 받고 의롭게 된 자리에 와 있습니다.

성경이 말하는 죄는 '하나님 없음'입니다. 성경에서 말하는 구원은 '하나님의 가족으로 편입됨'입니다. 하나님을 아버지라 부를 수 있는 지위와 신분이 되는 것입니다. 의롭게 됨이란 하나님과의 관계가 정상화된 것을 말합니다. 우리는 다 여기에 와 있습니다. 그러면 이제 우리는 어디로 가게 될까요? 하나님이 이루시는 승리의 자리, 영광된 자리에 갈 것입니다.

이를 완료형으로 이야기하고 있습니다. '미리 정하신 그들을 부르시고 부르신 그들을 의롭다 하시고 의롭다 하신 그들을 영화롭게 하셨느니라.' 전부 완료형입니다. 이미 이루어진 우리의 운명이며 현실입니다. 이런 하나님의 일하심 때문에 우리가 이 자리에 온 것입니다. 이미 영화롭게 하신 우리를 이 자리로 부르셔서 시간 속에서 살게 하십니다. 이것이 성경이 말하는 하나님이 우리에게 베푸신 구원의 신비입니다.

그러면 우리는 어떻게 살 것인가?

그러면 우리는 어떻게 살아야 할까요? 풀어 말하자면, 이미 시작되었고 완성되고야 말 하나님의 작정과 의지와 약속 가운데 오늘 우리는 어떻게 살아가야 할까, 입니다. 우리는 이 과정을 성화(聖化)라고 부릅니다. 흔히 성화라고 하면 맨 처음에 드는 생각은 '거룩하게 되는 것'으로, 도덕적이고 종교적인 진전을 떠올립니다. 그러나 이는 그렇게 간단한 문제가 아닙니다.

신앙생활에서 매일 부딪치게 되는 가장 큰 주제는 성화입니다. 구원은 이미 이루어진 것이고, 승리와 완성은 아직 미루어져 있습니다. 신자에게 이 과정은 목적지를 향해 전진하는 완만한 상승 곡선이기보다 부침이 심한 굴곡진 곡선으로 경험되는 것이 대부분입니다. 진전보다 퇴보가 더 많고 낙관할 상황보다 비관할 때가 더 많은 그런 인생입니다.

그런데도 성경은 목적지가 변경되거나 취소되는 일은 없으며 결코 하나님은 타협하시지 않는다고 분명하게 단언합니다. 28절에서 보듯이, 하나님을 사랑하는 자 곧 그의 뜻대로 부르심을 입은 자들에게는 모든 것이 합력하여 선을 이룬다고 못 박아 놓습니다. 우리가 아무리 깊이 추락했더라도 그 추락한 자리에서 결국은 목적지로 이어지는 삶을 살 수밖에 없다고 합니다. 하나님이 우리의 이 삶을 이어나가게 하시고야 말기 때문입니다.

'성화'로 표현되는 이 과정을 어떻게 이해할 것인가가 중요합니다. 개혁주의는 성화를 예수 그리스도와의 '연합'이라고 말합니다. 성화에 대한 다른 교파의 교리들은 신앙의 확인과 이해의 진전이라는 성격을 갖고 있는데 비해서, 개혁주의에서 말하는 성화에는 진전이라는 개념이 없습니다. 여기가 잘 이해해야 하는 지점입니다.

그리스도와의 연합이란 무엇일까요? 개혁주의에서 말하는 성화 곧 그리스도와의 연합이란 새로운 삶을 의미합니다. 로마서 6장에 가면, 성화에 대한 이해를 돕는 구절이 나옵니다.

> 그러므로 우리가 그의 죽으심과 합하여 세례를 받음으로 그와 함께 장사되었나니 이는 아버지의 영광으로 말미암아 그리스도를 죽은 자 가운데서 살리심과 같이 우리로 또한 새 생명 가운데서 행하게 하려 함이라 (롬 6:4)

예수와 함께하는 것 곧 예수 그리스도와의 연합이 성화입니다. 우리가 그리스도와 연합하여 죄에 대하여 죽었고 그리스도가 십자가에 죽으심으로 우리도 죽어서 죄로 살던 존재와 신분과 지위가 소멸한 것입니다. 그의 죽으심과 함께 죽은 우리는 그의 부활과 함께 살아났으므로 이제 새로운 삶을 살게 되는 일이 벌어졌습니다.

우리가 어디로 가야 한다는 것보다 우리에게 주어진 것이 예수와 어떻게 충만해지는가가 성경이 주목하는 신앙의 주제입니다. 에베소서 1장 23절은 "교회는 그의 몸이니 만물 안에서 만물을 충만하게 하시는 이의 충만함이니라"라고 가르칩니다.

우리는 무엇이 부족해서 곤고한 것도 아니고, 다른 사람보다 열등해서 고통을 받거나 불행한 것도 아닙니다. 이 모든 고난이 예수 그리스도 안에서 모두에게 충만히 주신 것을 각각의 삶 속에서 확인하고 채우고 누리는 싸움이라는 것을 기억해야 합니다. 어느 문학 평론가는 흑인 작가의 작품을 소개하면서 블루스(blues)를 이렇게 표현했습니다. '낡은 피아노가 멜로디를 신음하게 한다.' 저는 이 표현이 마음에 들었습니다. '이 음악은 어떤 특수한 인종의 체험에서 나온다. 차별 사회가 그들에게 주는 삶의 경험에서 나온다.' 어떤 인종입니까? 흑인입니다. 그들이 겪은 그 고통스러운 차별과 모멸 속에서 블루스가 나오고 재즈가 나옵니다. 흑인이 되어 보지 않고는 결단코 만들어 낼 수 없는 예술입니다.

우리 인생은 우리가 얼마만큼 이해하고 믿음을 가지고 사느냐에 따라 예술이 되기도 하고, 푸념이 되기도 합니다. 분노가 있고 비명을 지르고 있다는 것은 아직 멀었다는 뜻입니다. 내가 얼마나 억울한가를 설명하러 돌아다니지 마십시오. 감상주의에 빠지지 마십시오. 하나님이 친히 찾아오셔서 친히 모욕을 당하시고 친히 피 흘리셨다는 사실을 기억하십시오. 합력하여 선을 이룬다는 것은 무시무시한 약속입니다. 타협하지 않겠다, 기어코 모든 것이 다 유익이 되게 하겠다, 그런 뜻입니다.

우리는 이미 성화의 길에 들어왔으며, 결국 영화에 이르게 될 것입니다. 그것을 방해할 수 있는 것은 없습니다. 그러니 이제 어떻게 살 것인가 묻는 것입니다. 성경은 잘 살라고 이야기합니다. 이는 우리 생각처럼 그렇게 간단한 이야기가 아닙니다.

잘 사는 것은 책임 있게 사는 것을 말합니다. 기독교에서 말하는 '책임 있게 산다'는 것은 하나님의 자녀라는 명예를 알고 사는 것입니다. 우리의 삶이 하나님의 성실한 손에 있으니 넉넉하게 사는 것입니다. 걱정 말고 울어도 되니 삶을 맘껏 향유하고 누리라고 합니다. 로마서 5장 9절입니다.

> 그러면 이제 우리가 그의 피로 말미암아 의롭다 하심을 받았으니 더욱 그로 말미암아 진노하심에서 구원을 받을 것이니 곧 우리가 원수 되었을 때에 그의 아들의 죽으심으로 말미암아 하나님과 화목하게 되었은즉 화목하게 된 자로서는 더욱 그의 살아나심으로 말미암아 구원을 받을 것이니라 (롬 5:9-10)

하나님은 우리가 그분을 외면했을 때에도 당신의 아들을 주실 정도로 은혜를 베푸신 분인데, 하물며 우리가 이제 그를 믿고 아는 차원에 있다면 우리에게 무엇을 아끼시겠는가, 하는 말씀입니다. 그래서 이런 고백이 가능합니다. "그뿐 아니라 이제 우리로 화목하게 하신 우리 주 예수 그리스도로 말미암아 하나님 안에서 또한 즐거워하느니라"(롬 5:11).

만일 우리의 인생이 이 말씀으로 답이 되지 않으면 다른 답은 없습니다. 우리 마음에 들게 현실을 바꾸어 주는 답은 성경에 없습니다. 하나님이 뜻하시고 목표하시는 역사와 인생과 존재의 목적지가 있을 뿐입니다. 그것이 명예롭지 않고 감사하지 않다면 다른 답은 없습니다. 그러나 우리가 하나님의 부르심을 받아 예수를 믿는다고 고백했다면 그것이 얼마나 큰 하나님의 은혜이며 하나님의 성실한 의지인가를 확인할 수 있을 것입니다. 또한 우리 인생이 하나님의 복 주심의 결과요 과정인 것이 분명하다면 우리에게 약속된 미래도 반드시 일어날 수밖에 없을 것입니다. 이 말씀에 위로를 얻어 소망과 믿음을 가지며 감사하는 인생이 되기를 바랍니다.

질문하기

1.

성경에서 말하는 구원이란 무엇입니까?

2.

개혁주의는 성화를 무엇이라고 말합니까?

3.

기독교에서 요구하는 책임 있는 삶이란 어떤 것입니까?

나누기

나라는 존재가 홀로 동떨어진 존재가 아니라 예수 그리스도와 연합된 존재라는 사실이 주는 위안은 무엇입니까?

05

사랑,
운명을 나누는 연합

31 그런즉 이 일에 대하여 우리가 무슨 말 하리요 만일 하나님이 우리를 위하시면 누가 우리를 대적하리요 32 자기 아들을 아끼지 아니하시고 우리 모든 사람을 위하여 내주신 이가 어찌 그 아들과 함께 모든 것을 우리에게 주시지 아니하겠느냐 33 누가 능히 하나님께서 택하신 자들을 고발하리요 의롭다 하신 이는 하나님이시니 34 누가 정죄하리요 죽으실 뿐 아니라 다시 살아나신 이는 그리스도 예수시니 그는 하나님 우편에 계신 자요 우리를 위하여 간구하시는 자시니라 35 누가 우리를 그리스도의 사랑에서 끊으리요 환난이나 곤고나 박해나 기근이나 적신이나 위험이나 칼이랴 36 기록된 바 우리가 종일 주를 위하여 죽임을 당하게 되며 도살 당할 양 같이 여김을 받았나이다 함과 같으니라 37 그러나 이 모든 일에 우리를 사랑하시는 이로 말미암아 우리가 넉넉히 이기느니라 38 내가 확신하노니 사망이나 생명이나 천사들이나 권세자들이나 현재 일이나 장래 일이나 능력이나 39 높음이나 깊음이나 다른 어떤 피조물이라도 우리를 우리 주 그리스도 예수 안에 있는 하나님의 사랑에서 끊을 수 없으리라

(롬 8:31-39)

우리를 붙드시는 사랑

우리는 로마서 8장 29절과 30절에서 하나님이 구원을 준비하시고 작정하시고 이루시고 그 결과를 완성하셨다는 선언을 확인했습니다. 그리스도의 십자가가 증언하듯이 구원은 이미 역사 속에서 일어난 일입니다. 이천 년 전 예수께서 십자가를 지고 인류의 죄를 위하여 죽으실 때 구원은 이루어졌습니다. 이 완성된 구원을 적용받는 우리는 그 후에 태어나 예수를 믿어 신앙생활을 하게 됩니다. 하나님이 우리에게 허락하신 구원은 이천 년 전에 이미 십자가를 통해 확정된 것이며 절대 취소될 수 없는 하나님의 의지라는 것을 여기서 확인하게 됩니다.

미리 아신 우리를 미리 정하셔서 부르셨고 의롭다 하셨으며 장차 영화롭게 하실 것입니다. 우리의 구원은 이미 완성되어 있습니다.

이는 30절에서 완료형으로 표현한 것을 보면 알 수 있습니다. 이미 부름받은 우리는 하나님이 우리에게 주실 영광과 승리의 완성에 이르는 길을 현재 걸어가고 있습니다. 로마서 5장에 따르면 이 과정은 고난으로 인도되는 시간이라고 합니다.

이미 완성된 구원을 각 개인에게 적용하시는데, 신자 개개인이 겪는 이 신앙생활의 현실은 고난으로 이루어져 있습니다. 이 고난 때문에 우리는 우리에게 일어난 구원과 소망에 대해서 늘 흔들립니다. 흔들리는 우리에게 로마서 5장은 이런 말씀으로 권면합니다.

> 소망이 우리를 부끄럽게 하지 아니함은 우리에게 주신 성령으로 말미암아 하나님의 사랑이 우리 마음에 부은 바 됨이니 (롬 5:5)

사랑이 우리를 붙들고 가니 걱정마라, 하나님의 사랑이 우리를 붙들고 있으니 아무도 실패하지 않을 것이다, 이렇게 이야기합니다. 로마서 8장 35절에서는 '누가 우리를 그리스도의 사랑에서 끊으리요'라며 우리를 위로합니다. 하나님의 사랑이면 충분하고도 남습니다.

그런데 우리는 하나님의 사랑이 우리를 붙들고 있다면 마음에 늘 확신이 넘치고 넉넉해야 하는 것 아닌가, 사랑이 있다면 응당 우리 삶에 어떤 변화가 따라와야 하는 것 아닌가, 하고 이 사랑을 잘못 이해하는 경향이 있습니다. 성경이 말하는 사랑과 우리가 기대하는 사랑의 차이가 너무 크기 때문입니다. 그러니 성경에서 말하는 사랑이 무엇인지를 잘 풀어내야 합니다.

대상이 있어야 하는 사랑

로마서 8장 31절에서 39절은 하나님이 우리를 편들어 주시고 우리의 결과를 결정하셨으니 이제는 걱정하지 말라고 하는 결정론을 말하는 것일까요? 우리는 이런 말씀을 들으면 안심이 되어서, 우리의 운명은 이미 결정되었으니 이제는 아무렇게 살아도 되는 것이 아닌가 하는 괘씸한 생각에 이르기도 한다는 것을 잘 알고 있습니다. 이 구절을 통해서 성경이 말씀하려는 것은 무엇일까요?

이 본문에서 중요한 부분은 '우리를 우리 주 그리스도 예수 안에 있는 하나님의 사랑에서 끊을 수 없으리라'라는 선언입니다. 31절을 다시 봅니다. "그런즉 이 일에 대하여 우리가 무슨 말 하리요 만일 하나님이 우리를 위하시면 누가 우리를 대적하리요."

여기서는 하나님의 사랑, 하나님의 의지, 하나님의 능력 그 자체에 강조점이 있지 않습니다. 이 모든 하나님의 속성이 바로 우리를 대상으로 하고 있다는 점이 중요합니다. 로마서 8장 31절 이하의 약속이 우리를 대상으로 삼으신 하나님의 속성이라는 것을 놓치면, '하나님 홀로 그 속성과 능력에서 신실하시며 전능하시다'로 그치게 됩니다. 나와는 상관없는 하나님만의 이야기가 되고 이를 따라가지 못하는 우리는 늘 자신의 부족함 때문에 죽어납니다.

대상을 빼놓고 사랑을 이야기하는 것은 다 거짓입니다. 본문에서는 '우리'라는 단어가 여러 번 나옵니다. 32절에 '자기 아들을 아끼지 아니하시고 우리 모든 사람을 위하여 내주신 이가'에서 '우리'가 등장합니다. 34절의 '죽으실 뿐 아니라 다시 살아나신 이는 그리스도 예수시니 그는 하나님 우편에 계신 자요 우리를 위하여 간구하시는 자시니라'에서, 35절의 '누가 우리를 그리스도의 사랑에서 끊으리요'에서, 39절의 '우리를 우리 주 그리스도 예수 안에 있는 하나님의 사랑에서 끊을 수 없으리라'에서도 '우리'가 반복하여 나옵니다.

하나님의 성실하심과 큰 능력만 강조하고 성경이 강조하는 '우리'를 간과하면 이 둘의 간격만 넓어질 뿐, 우리 자신에게는 아무 힘이 되지 않습니다. 이처럼 사랑이란 대상을 떠나서는 홀로 성립하지 않습니다. 이 사실을 놓치면 안 됩니다.

고린도전서 13장은 흔히 '사랑 장'이라고 불리는 본문입니다. 우리가 자칫 놓치기 쉬운 깊은 내용이 여기 들어 있는데, 이는 사랑이 추상적 관념에 머무르거나 공허한 명분이 되면 안 된다는 것입니다. 고린도전서 13장 서두에서는 사랑이 추상적 관념에 머무르는 것이 아님을 세 가지 예를 들어 이야기합니다. 사랑은 천사의 말이 아니다, 사랑은 산을 옮기는 능력도 아니다, 사랑은 또한 자기 몸을 불사르게 내주는 정열도 아니다, 이렇게 단언합니다. 그렇다면 사랑은 무엇일까요? 사랑은 오래 참음이며, 오래 참음이란 상대를 참아 주는 것이라고 합니다. 이처럼 사랑에 대한 정의가 우리의 생각과는 다르게 되어 있습니다.

사랑에는 대상이 있습니다. 사랑은 홀로 멋진 것으로 존재하지 않습니다. 사랑은 대상 없이 자신을 혼자 치장하는 말로는 쓰일 수 없습니다. 오래 참고 온유하며 시기하지 않고 자랑하지 않고 교만하지 않고 무례히 행하지 않는다는 것은 전부 대상이 있어야 가능한 이야기입니다. '하나님의 사랑에서 우리를 끊을 수 없다'는 말은, 우리를 향한 하나님의 사랑은 우리라는 대상 없이 하나님 홀로 하실 수 없는 사랑이며, 우리를 위하여 찾아오신 사랑이며, 우리를 놓지 않으시는 사랑이라는 것입니다. 바로 십자가로 보이신 사랑입니다. 성경이 하고 싶은 이야기가 이것입니다.

"우리 교회는 사랑이 없어"라는 말을 자주 합니다. 대상이 없는 사랑이 난무합니다. 그러나 우리가 먼저 사랑해야 합니다. 사랑을 해야 하고 또한 사랑을 받을 줄도 알아야 합니다. 사랑은 꺼내 놓고 명분으로 강요하고 잣대로 심사할 수 있는 것이 아닙니다. 우리 각자가 실제로 해야 하는 것입니다. 상대방에게 "너 좀 웃고 다녀!"라고 말하지 말고 그를 웃게 만드십시오. "얼굴 좀 찡그리지 마!"라고 말하지 말고, 그 사람이 미소 짓고 다니도록 해 주십시오. 사랑하십시오. 인류를 사랑하고 나라를 사랑하고 안 보이는 사람을 사랑하기 전에 지금 만나는 사람을 사랑하십시오. 성경이 하는 말씀입니다.

인간의 모든 현실을 묶으신 예수처럼

예수가 이 땅에 인간으로 오셔서 인생을 살고 십자가에 죽고 부활하자, 더 이상 세상은 죽음이라는 위협과 공포로 우리를 묶을 수 없게 되었습니다. 예수가 오시자 그가 참여한 모든 자리와 모든 정황 속의 모든 사람은 그의 동료가 되고 그의 형제가 되어 예수의 구원에 묶이게 됩니다. 이것을 사랑이라고 합니다. 사랑이란 그저 좋은 소리나 해 주고 속을 다 꺼내 놓고 진심을 마구 확인하는 것이 아니라 자신을 누구와 묶는 것입니다. 운명과 현실을 묶고 모든 결과를 함께 나누는 것입니다. 히브리서 5장의 이야기입니다.

그는 육체에 계실 때에 자기를 죽음에서 능히 구원하실 이에게 심한 통곡과 눈물로 간구와 소원을 올렸고 그의 경건하심으로 말미암아 들으심을 얻었느니라 그가 아들이시면서도 받으신 고난으로 순종함을 배워서 온전하게 되셨은즉 자기에게 순종하는 모든 자에게 영원한 구원의 근원이 되시고 하나님께 멜기세덱의 반차를 따른 대제사장이라 칭하심을 받으셨느니라 (히 5:7-10)

예수가 육체로 오셔서 육체의 동료가 되십니다. 그의 부활로 그와 묶인 육체는 부활할 수 있게 됩니다. 그가 부활하심으로 말미암아 그가 오셨던 자리에 있던 사람들, 그가 함께한 모든 자들은 그 안에 함께 있게 됩니다. 하나님이 예수 그리스도를 보내신 것을 사랑이라고 이야기하는 이유입니다.

그는 이 땅에 오실 때 아버지의 기뻐하심을 따라 오셨습니다. 아버지와 아들이 하나입니다. 사랑으로 말입니다. 사랑은 운명을 나누는 연합입니다. 그가 와서 우리와 같은 육체가 되어 우리의 현실, 우리의 실존에 들어오심으로 우리를 자기와 하나로 묶습니다. 이것을 사랑이라고 합니다.

예수는 자기를 죽음에서 능히 구원하실 이에게 심한 통곡과 눈물로 간구합니다. 화를 내고 억울해 하고 거부하는 것이 아니라 경외하심으로 인생을 감당합니다. 하나님과 사랑으로 묶여 있는 분이신데 눈물과 통곡으로 간구해야 하는 자리에 오셨습니다. 그렇게 우리의 존재와 자신을 묶으신 것입니다.

이제는 아무도 해결해 줄 수 없다며 우리가 비명 지르던 자리, 겨우 버티며 살아야 했던 자리를 예수가 다 묶으십니다. 예수가 묶지 못할, 구원해 내지 못할 삶의 영역은 없습니다. 이것이 사랑이며, '우리를 우리 주 그리스도 예수 안에 있는 사랑에서 끊을 수 없으리라'라는 말씀이 갖는 의미입니다. 그러므로 예수는 우리의 구원자가 되시며 대제사장이 될 수 있는 것입니다.

이것이 근거가 되어 우리는 누구의 가족으로, 누구의 동료로 이 시대와 이 나라에 사랑의 존재로 서 있는 것입니다. 예수의 성육신과 고난과 죽음과 부활이 모든 인류를 묶은 하나님의 사랑의 능력이요 방법이듯, 우리가 이 시대를 살고 이 나라에 살고 누구의 이웃이 되는 것으로 하나님은 우리를 누군가와 묶으십니다.

마태복음 28장 18절과 19절에 나온 '하늘과 땅의 모든 권세를 내게 주셨으니 그러므로 너희는 가서 모든 민족을 제자로 삼아'라는 말씀은 무슨 뜻입니까? 우리가 이 땅끝에 와 있다는 것입니다. 우리가 서 있는 자리가 땅끝입니다. 우는 자리, 할 말 없는 자리, 억울한 자리, 견딜 수 없는 자리에 하늘과 땅의 모든 권세를 가지신 예수께서 우리를 보내신 것입니다. '볼지어다 내가 세상 끝날까지 너희와 항상 함께 있으리라'라고 말씀하십니다.

예수를 믿으면 어떻게 해야 합니까? 겁내지 마십시오. 우리 인생이 아무것도 아닌 것 같지만, 이 아무것도 아닌 것 같음 속에서 하나님이 일하십니다. 하나님이 우리와 묶어 주신 이웃들 앞에 우리가 서 있습니다. 그들을 명분으로 쫓아내지 말고, 결벽증 때문에 그들을 외면하는 일이 없게 하십시오. 우리가 있어서 이웃이 위로를 받게 하십시오. 편들어 주고 같이 울고 같이 웃으십시오. 줄 것이 아무것도 없어도 내가 살아 있는 것이 하나님이 일하시는 방법이라는 것을 기억하십시오. 우리가 서 있는 자리에서 하나님이 무엇을 하시는지, 우리가 거부하고 싶은 우리의 인생으로 하나님이 어떻게 일하시는지를 확인하고 자랑하는 복을 누리길 바랍니다.

질문하기

1.

고난 속에서도 우리에게 일어난 구원과 소망에 대해 흔들리지 않을 수 있는 근거는 무엇입니까?

2.

'하나님의 사랑에서 우리를 끊을 수 없다'라는 말에서 성경이 하고 싶은 이야기는 무엇입니까?

3.

사랑이란 그저 좋은 소리나 해 주고 속을 다 꺼내 놓고 진심을 확인하는 것이 아니라고 합니다. 그렇다면 사랑은 어떻게 정의할 수 있습니까?

나누기

하나님이 우리를 예수와 묶으신 것처럼 우리를 누군가의 이웃으로 묶으십니다. 그 자리에서 어떻게 살아야 할지 함께 나누어 봅시다.

06

선택,
하나님의 편드심

1-2 내가 그리스도 안에서 참말을 하고 거짓말을 아니하노라 나에게 큰 근심이 있는 것과 마음에 그치지 않는 고통이 있는 것을 내 양심이 성령 안에서 나와 더불어 증언하노니 **3** 나의 형제 곧 골육의 친척을 위하여 내 자신이 저주를 받아 그리스도에게서 끊어질지라도 원하는 바로라 **4** 그들은 이스라엘 사람이라 그들에게는 양자 됨과 영광과 언약들과 율법을 세우신 것과 예배와 약속들이 있고 **5** 조상들도 그들의 것이요 육신으로 하면 그리스도가 그들에게서 나셨으니 그는 만물 위에 계셔서 세세에 찬양을 받으실 하나님이시니라 아멘 **6** 그러나 하나님의 말씀이 폐하여진 것 같지 않도다 이스라엘에게서 난 그들이 다 이스라엘이 아니요 **7** 또한 아브라함의 씨가 다 그의 자녀가 아니라 오직 이삭으로부터 난 자라야 네 씨라 불리리라 하셨으니 **8** 곧 육신의 자녀가 하나님의 자녀가 아니요 오직 약속의 자녀가 씨로 여기심을 받느니라 **9** 약속의 말씀은 이것이니 명년 이 때에 내가 이르리니 사라에게 아들이 있으리라 하심이라 **10** 그뿐 아니라 또한 리브가가 우리 조상 이삭 한 사람으로 말미암아 임신하였는데 **11** 그 자식들이 아직 나지도 아니하고 무슨 선이나 악을 행하지 아니한 때에 택하심을 따라 되는 하나님의 뜻이 행위로 말미암지 않고 오직 부르시는 이로 말미암아 서게 하려 하사 **12** 리브가에게 이르시되 큰 자가 어린 자를 섬기리라 하셨나니 **13** 기록된 바 내가 야곱은 사랑하고 에서는 미워하였다 하심과 같으니라 (롬 9:1–13)

이스라엘은 어떻게 되는가

로마서 9장은 중요한 질문을 제기합니다. 기독교 신앙 혹은 복음의 핵심이 분명하게 드러나 있는 이 질문은 로마서 8장 38절, 39절의 말씀과 연결해서 이해해야 합니다.

내가 확신하노니 사망이나 생명이나 천사들이나 권세자들이나 현재 일이나 장래 일이나 능력이나 높음이나 깊음이나 다른 어떤 피조물이라도 우리를 우리 주 그리스도 예수 안에 있는 하나님의 사랑에서 끊을 수 없으리라 (롬 8:38-39)

하나님의 사랑이 예수 안에서 무한한 것이며 이 사랑으로 불가능할 것이 없다면 도대체 이스라엘의 거역은 무엇인가, 하는 질문입니다. 이스라엘은 예수를 거부했고 아직도 그들은 예수를 거부하고 있는데 예수 안에 있는 하나님의 사랑에서 끊을 수 있는 것이 없다면 저들은 용서받을 수 있을까요? 또 이러한 질문은 이스라엘이 거부한 일은 아무래도 괜찮은 것인가, 하는 물음으로도 이어집니다.

우리의 신앙생활에서 겪는 어떠한 실패도 우리를 향한 하나님의 사랑과 은혜를 꺾을 수 없다는 말은 대단히 귀한 복음이지만, 그렇다면 잘한 것과 못한 것이 아무 상관없다는 말인가, 우리가 잘못한 것이 분명 있는데 그것은 어떻게 해결되는가, 어디까지 괜찮은가, 이런 의문들이 생깁니다. 그동안 우리는 대부분 이런 의문들을 막연하게 처리하고 지나왔습니다. 이 부분을 성경이 무엇이라고 말하는지 살펴봅시다.

본문의 내용은 이렇습니다. 이스라엘은 교회의 뿌리다, 이스라엘을 선민으로 택하신 하나님의 부르심과 역사는 기독교 복음의 뿌리였다, 이방의 구원은 이스라엘을 뿌리로 삼고 펼치신 하나님의 일하심이었다, 이 뿌리 위에 우리를 세우셨다, 우리가 하나님의 백성이 될 수 있었다면 그 뿌리도 하나님이 보전하실 것이다, 이런 이야기입니다. 이 내용을 확장하면, 우리가 아무리 잘못해도 결국 하나님이 다 해결하실 것이다, 이런 결론에 다다를 수 있게 됩니다.

그러나 조심해야 합니다. 이 말의 의미를 하나님의 거룩하심을 두려워하는 가운데 이해하지 못하면, 기독교 신앙은 값싼 은혜가 되거나 율법주의가 될 수밖에 없습니다. 로마서 3장 21절을 봅시다.

이제는 율법 외에 하나님의 한 의가 나타났으니 율법과 선지자들에게 증거를 받은 것이라 곧 예수 그리스도를 믿음으로 말미암아 모

든 믿는 자에게 미치는 하나님의 의니 차별이 없느니라 (롬 3:21-22)

차별이 없다는 것은 조건과 자격에 얽매이지 않는다는 말입니다. 이 구절에서는 율법, 곧 원인과 결과의 법칙에 얽매이지 않고 인과율을 벗어난 하나님의 은혜인 예수로 말미암아 얻는 구원을 말하고 있습니다.

여기서 '믿는다'는 말은 행위와 대조되어 '모든 자에게 가능하다'는 의미가 됩니다. 이 믿음이 얼마나 큰지 그 어떤 것으로도 예수 안에 있는 이 구원과 사랑을 끊을 수 없다고 로마서 8장은 말씀합니다. 이 믿음은 다만 열어 놓은 문에 불과한 것이 아니라 하나님의 적극적인 의지요, 일하심이라고 말합니다.

그러면 이제 이스라엘은 어떻게 되는가, 저들이 구원을 받는다면 저들의 거부와 선택은 무엇이 되는가, 또한 하나님이 저들을 용서하신다면 어떤 식으로 이루어질 것인가 하는 질문이 우리 각자에게도 주어집니다. 왜냐하면 신앙생활을 온전하게 이룬 자는 아무도 없기 때문입니다.

아브라함과 이삭과 야곱의 하나님

이 문제에 대하여 성경은 놀라운 이야기를 합니다. 아브라함과 이삭과 야곱을 생각해 봅시다. 그들은 이 장에서 우리가 다루려고 하는 문제에 대한 좋은 예가 됩니다.

이스라엘은 약속으로 부름받은 자녀입니다. 이스라엘은 혈통이

나 국가로 구별되지 않고 약속의 자녀라는 점으로 구별됩니다. 성경은 그런 점에서 아브라함과 이삭과 야곱을 구별하고 있습니다. 창세기 28장을 찾아봅시다.

> 야곱이 브엘세바에서 떠나 하란으로 향하여 가더니 한 곳에 이르러는 해가 진지라 거기서 유숙하려고 그 곳의 한 돌을 가져다가 베개로 삼고 거기 누워 자더니 꿈에 본즉 사닥다리가 땅 위에 서 있는데 그 꼭대기가 하늘에 닿았고 또 본즉 하나님의 사자들이 그 위에서 오르락내리락 하고 또 본즉 여호와께서 그 위에 서서 이르시되 나는 여호와니 너의 조부 아브라함의 하나님이요 이삭의 하나님이라 네가 누워 있는 땅을 내가 너와 네 자손에게 주리니 네 자손이 땅의 티끌 같이 되어 네가 서쪽과 동쪽과 북쪽과 남쪽으로 퍼져나갈지며 땅의 모든 족속이 너와 네 자손으로 말미암아 복을 받으리라 내가 너와 함께 있어 네가 어디로 가든지 너를 지키며 너를 이끌어 이 땅으로 돌아오게 할지라 내가 네게 허락한 것을 다 이루기까지 너를 떠나지 아니하리라 하신지라 (창 28:10-15)

하나님의 놀라운 약속이 등장합니다. 이 복된 약속이 누구에게 주어집니까? 하나님은 야곱을 부르시면서 "야곱아, 나는 네 조부 아브라함의 하나님이고 네 아비 이삭의 하나님이다"라고 당신을 소개하십니다. 야곱은 갑자기 어딘가에서 붙잡혀 덜컥 불려 나와 회개와 결심으로 약속의 자녀가 된 것이 아닙니다. 하나님이 이미 전부터 예정하셔서 아브라함과 이삭을 지나 야곱이 오도록 준비하셨고 그리하여 야곱이 존재하게 되었습니다. 이미 약속의 자녀를 예정하신 하나님으로 말미암아 야곱이 존재하게 된 것입니다.

시간을 참작하지 않고 앞뒤 맥락에 대한 고려도 없이 이해나 결단에 이끌려 믿음, 윤리, 행위와 같은 것을 자꾸 붙잡는 우리와 달리, 성경은 하나님이 하나님 되심을 끊임없이 보전하시며 회복하시며 완성하심으로 일하고 계시다고 증언합니다.

인간의 잘잘못이 중요하지 않다는 이야기가 아닙니다. 그것과 구별되는 이야기입니다. 온 천하와 역사와 인류의 주인이신 하나님이 성실하게 일하고 계시니 우리는 느닷없이 덜컥 세워진 존재가 아니라 긴 시간을 거쳐서 이 자리에 있게 된 존재이며 신적 이해와 능력과 비전 속에서 준비되고 만들어진 자라고 말씀하시는 것입니다.

야곱에게 또 무엇을 말씀하십니까? 내가 너와 함께 있어 네가 어디로 가든지 내가 너를 지키며 너를 이끌어 이 땅으로 돌아오게 하겠다, 너를 떠나지 않겠다, 라고 하십니다. 여기에 '너'가 바로 야곱입니다. 여기에 아브라함도 이삭도 들어갑니다. 그 이름들을 통틀어 이스라엘이라고 합니다.

약속의 자녀에서 약속이란 하나님의 의지, 하나님의 신실한 성의를 말합니다. 이스라엘이 오해한 것같이 이 약속은 이스라엘과 이방, 믿는 자와 믿지 않는 자로 나누는 데에 쓰이지 않습니다. 이렇게 구별하라고 택하신 것이 아닙니다. 하나님이 개입하시는 인생의 존재와 운명과 하나님 없는 인생의 존재와 운명을 대비하는 것입니다. '야곱은 사랑하고 에서는 미워하였다'는 로마서 9장 13절의 말씀은 이 두 부류의 인생을 대조하기 위해 나온 표현입니다.

선택이라는 말에서 강조점은 택함을 받은 자가 있고 버려진 자가 있다는 데에 있지 않습니다. 우리는 모두 하나님을 스스로 버린 자들입니다. 우리가 선택하여 가는 길에서 우리 스스로 책임지는 운명의 끝이 무엇인가와 하나님이 함께하시고 복을 주신 자의 인생에서 그 끝이 무엇인가를 대조하기 위해 하나님 없이 사는 자와 하나님을 모신 자를 대조하는 것입니다.

이는 운명을 가르는 대조가 결코 아닙니다. 왜냐하면 이스라엘의 거부로 이방이 구원을 받기 때문입니다. 이스라엘이 잘해서 이방이 양자나 서자처럼 부름을 받는 것이 아닙니다. 하나님의 크신 인도와 많은 개입을 경험하는 특권을 누린 이스라엘마저 하나님을 거부하게 된 이 실패에도 불구하고 하나님이 이방을 불러내신 것을 보면, 이스라엘도 당연히 구원받을 것이라는 결론에 바울은 도달한 것입니다.

그러니 여기 나온 야곱과 에서의 대조는 사울과 다윗의 대조와 동일하다고 이해해야 합니다. 다윗은 하나님을 의지했기 때문에 승리한 것이다, 라는 말은 결과만 가지고 한 표현에 불과합니다. 성경적 관점에서 다시 말하면, 다윗은 하나님이 편들어 주신 인생을 가리킵니다. 하나님이 편들어 주시면 어느 자리, 어느 형편에서도 명예가 있고 승리가 있고 역전이 있다는 것을 보여 주는 사람이 다윗입니다. 하나님이 함께해 주시지 않으면 어떤 자랑과 어떤 능력이 있더라도 결말이 좋을 수 없다는 것을 드러내는 사람이 사울입니다.

그러니 이스라엘은 어떻게 될 것인가 하는 물음에 그 일은 하나님의 손에 달려 있다고 해야 합니다. 그런데 그 하나님이 예수를 보내셨으므로 구원받지 못할 사람이란 없고 해결하지 못할 일이란 없으며 사망이나 생명이나 높음이나 깊음이나 그 무엇도 예수 그리스도 안에 있는 하나님의 사랑에서 우리를 끊을 수 있는 것은 없다는 것입니다. 이 말씀이 무슨 의미인지 알아야 합니다.

이는 우리가 무슨 일을 저질러도 결국 좋은 일이 생기고 우리가 무얼 하든 하나님이 모든 일을 원만하고 행복하게 이끌고 가실 것이라는 식의 이야기가 아닙니다. 그런 동화 같은 기대로 신앙과 하나님의 일하심을 오해해서는 안 됩니다. 지금 바울은 하나님이 우리가 잘못한 일에 뛰어들어 오셨다는 말을 하고 있습니다. 하나님은 우리의 거부와 무지와 배반에 들어오십니다. 직접 들어오셔서 그것을 고치십니다. 이것이 예수의 오심 곧 성육신입니다.

인생에 따라 들어오시는 하나님

예수님은 하늘에서 나팔 한 번 불고 "너희 죄를 다 사하노라" 하며 말 한마디로 때우시지 않았습니다. 성자 하나님이신 그분이 육신이 되어 우리 인생에 뛰어들어 오셔서 죄가 권세를 잡고 있는 이 땅을 살아 내셨습니다. 창조주가 피조물의 거부와 오해와 멸시와 박해와 수모를 견디고 사셨습니다. 그렇게 우리가 잘못을 만들고 잘못 간 길에 실제로 들어오셔서 우리를 붙잡아 회복하십니다. 우리가 저지른 것을 다 받아 고치고 회복하십니다.

이 하나님을 보라, 이것이 본문의 이야기입니다. '이스라엘이 배신과 거부로 갔으나 하나님은 그것을 붙들어 싸워 너희를 만들어 냈다. 그럴 수 있는 하나님이 너희보다 나은 이스라엘에게 무엇인들 못하시겠느냐. 그러니 너희는 두려움으로 신앙생활해라' 하는 것입니다.

여기서 두려움은 공포일까요? 공포가 아닙니다. 로마서 6장이 이미 한 번 지적한 문제입니다. 이것이 본문에서 중요한 결론이 될 것입니다. 로마서 6장 1절을 봅시다.

> 그런즉 우리가 무슨 말을 하리요 은혜를 더하게 하려고 죄에 거하겠느냐 그럴 수 없느니라 죄에 대하여 죽은 우리가 어찌 그 가운데 더 살리요 (롬 6:1-2)

은혜를 논하자 이런 질문이 나왔습니다. '모든 것이 공짜라면 무엇 때문에 열심과 책임이 필요한가?' 이는 우리가 못나서 하는 질문입니다. "나는 당신을 사랑해. 나는 당신을 위해 무엇이든지 할 수 있어"라는 말을 듣고는 "그래? 그러면 어디 한 번 죽어 봐!"라고 답하는 꼴입니다. 이렇게 말하는 사람은 나쁜 사람입니다. 그런데도 우리는 늘 그런 질문을 합니다. 하나님이 무엇이든지 하실 수 있다면 내가 열심히 살 필요가 있을까, 라는 생각을 하는 것입니다. 우리에게 주어진 은혜가 얼마나 명예로우며 감사한 이야기인지 그 무게를 깨달아야 합니다.

우리는 늘 실수하며 잘못합니다. 그럴 수 있습니다. 그러나 힘을 다해서 잘 살려고 애를 써야 합니다. 실수하면 와서 하나님, 제가 잘못했습니다, 라고 회개해야 합니다. 또한 하나님이 우리를 대하신 방식대로 우리의 이웃들을 대해야 합니다. 힘들어 하는 이웃에게 "예수 믿는데 뭐가 걱정이야?"라며 그들의 아픔을 가볍게 말해서는 안 됩니다. 본문 말씀이 우리의 현실에 힘이 되기를 바랍니다. 또한 신자의 인생을 사는 능력과 감사가 있기를 바랍니다.

질문하기

1.

우리의 신앙생활에서 어떠한 실패도 우리를 향한 하나님의 사
랑과 은혜를 꺾을 수 없다는 말의 의미를 하나님의 거룩하심을
두려워하는 가운데 이해하지 못하면 어떻게 됩니까?

2.

'약속의 자녀'에서 약속이란 무슨 뜻입니까?

3.

이스라엘의 배신과 거부가 우리에게 뜻하는 바는 무엇입니까?

나누기

하나님이 우리를 대하시는 방식대로 우리의 이웃을 대하려고 할
때 가장 큰 도전은 무엇입니까?

07

율법,
선택받은 백성의 명예

30 그런즉 우리가 무슨 말을 하리요 의를 따르지 아니한 이방인들이 의를 얻었으니 곧 믿음에서 난 의요 **31** 의의 법을 따라간 이스라엘은 율법에 이르지 못하였으니 **32** 어찌 그러하냐 이는 그들이 믿음을 의지하지 않고 행위를 의지함이라 부딪칠 돌에 부딪쳤느니라 **33** 기록된 바 보라 내가 걸림돌과 거치는 바위를 시온에 두노니 그를 믿는 자는 부끄러움을 당하지 아니하리라 함과 같으니라 **10 : 1** 형제들아 내 마음에 원하는 바와 하나님께 구하는 바는 이스라엘을 위함이니 곧 그들로 구원을 받게 함이라 **2** 내가 증언하노니 그들이 하나님께 열심이 있으나 올바른 지식을 따른 것이 아니니라 **3** 하나님의 의를 모르고 자기 의를 세우려고 힘써 하나님의 의에 복종하지 아니하였느니라 **4** 그리스도는 모든 믿는 자에게 의를 이루기 위하여 율법의 마침이 되시니라 (롬 9:30~10:4)

율법과 은혜의 문제

로마서 10장에서는 9장에 이어 이스라엘의 구원을 계속 논하고 있습니다. 이스라엘은 예수를 거절했고 구원을 거부했으므로 당연히 구원에서 제외되어야 맞지 않는가, 그렇다면 하나님이 이스라엘을 선택하시고 구약 내내 일하신 것이 다 소용없는 일이었다는 말인가, 하는 질문에 이르게 됩니다.

이스라엘의 구원에 대해서 "뭐, 아무래도 괜찮다"라고 말할 수 있을지 모르겠습니다. 하지만 이 문제는 우리에게도 적용됩니다. 우리도 하나님이 선택하셔서 구원을 얻었는데 이것이 취소될 수 있다는 말인가, 우리도 자칫 잘못하면 그만이라는 말인가, 하는 질문으로 이어지기 때문입니다. 또 하나님이 주신 율법이지만 그것이 별 능력이 없어서 그것을 소유한 이스라엘 민족도 구원에 이르게 할 수 없었다면, 그와 같이 모든 인류를 구원하기 위하여 주신 예수도 자칫하면 무용지물이 될 수 있지 않겠는가, 하는 질문으로도 이어집니다. 그래서 이스라엘이 장차 어떻게 될 것인가, 하는 질문은 대단히 중요한 문제입니다.

이에 대하여 바울은 이스라엘은 당연히 구원을 얻는다고 선언합니다. '이스라엘의 거부가 그들을 통하여 증거될 복음을 가로막지 못했다. 이스라엘은 실패했으나 약속된 구원이 이방에게까지 넘친 것처럼 이스라엘의 배반과 거부로 그들의 운명이 결정되지 않을 것이다. 율법 없는 이방에게 구원을 허락하신 하나님의 은혜가 이스라엘도 마침내 구원하실 것이다.' 이것이 로마서 9장에서 11장에 걸쳐 바울이 설명하는 복음의 크기입니다. 바울은 하나님의 일하심이 이렇게 크다고 믿고 있는 것입니다.

그렇다면 이스라엘의 주어진 율법의 의미는 무엇일까요? 율법이 이스라엘로 하여금 예수를 믿게 하지 못하고 오히려 예수 믿는 일을 방해하였다면 하나님은 이스라엘에게 율법을 왜 주셨을까요. 율법의 가치와 효용은 무엇이었을까요.

'은혜로 말미암는 구원'을 말할 때면 '율법이 아닌'이라는 단서가 붙습니다. 이는 이제 율법을 폐기 처분한다는 말이 아닙니다. 율법은 지켜야 하지만 율법이 은혜의 수단은 아니라고 하는 점을 기억하여 율법과 은혜의 조화를 잘 이해해야 합니다.

로마서 10장 4절을 보면, "그리스도는 모든 믿는 자에게 의를 이루기 위하여 율법의 마침이 되시니라"라고 합니다. 예수께서 율법의 진정한 목표를 완성하셨다는 말입니다. 율법의 원래 의도가 무엇이기에 이렇게 말할 수 있는 것일까요? 예수가 율법을 완성하셨다는 말을 실마리로 하여 율법의 용도와 목적을 이해해 봅시다. 출애굽기 19장입니다.

> 이스라엘 자손이 애굽 땅을 떠난 지 삼 개월이 되던 날 그들이 시내 광야에 이르니라 그들이 르비딤을 떠나 시내 광야에 이르러 그 광야에 장막을 치되 이스라엘이 거기 산 앞에 장막을 치니라 모세가 하나님 앞에 올라가니 여호와께서 산에서 그를 불러 말씀하시되 너는 이같이 야곱의 집에 말하고 이스라엘 자손들에게 말하라 내가 애굽 사람에게 어떻게 행하였음과 내가 어떻게 독수리 날개로 너희를 업어 내게로 인도하였음을 너희가 보았느니라 세계가 다 내게 속하였나니 너희가 내 말을 잘 듣고 내 언약을 지키면 너희는 모든 민족 중에서 내 소유가 되겠고 너희가 내게 대하여 제사장 나라가 되며 거룩한 백성이 되리라 너는 이 말을 이스라엘 자손에게 전할지니라 (출 19:1-6)

이스라엘 백성이 시내 산에 이르렀을 때 하나님이 모세를 불러 율법에 대하여 말씀하시는 장면입니다. 여기에서 순서를 혼동하면 안 됩니다. 하나님이 이스라엘에게 먼저 율법을 준 다음에 "너희가 율법을 지키면 너희는 내게 대하여 제사장 나라가 될 것이다"라고 하신 것이 아닙니다. 구원이 먼저 주어집니다. "내가 애굽에 대하여 행한 일과 너희를 불러내어 이 자리까지 오게 한 것을 기억하라"가 먼저 나온다는 사실을 주의하기 바랍니다.

　'너희가 내 말을 듣고 지키면'이라는 문구를 조건으로 이해하지 마십시오. 너희를 불러낸 것은 종 되었던 애굽 땅에서 해방하는 데에만 그 목적이 있었던 것이 아니다. 노예의 자리와 세상의 더러움에 짓눌려 있던 자리에서 너희를 꺼낸 것은 너희를 거룩한 존재가 되게 하고 너희에게 거룩한 임무를 맡기기 위해서다, 라는 말씀입니다. 따라서 뒷부분에 나오는 '너희가 내 말을 잘 듣고 내 언약을 지키면'이라는 말씀은 조건이 아니라 하나님의 선택을 받은 백성에게 주어지는 명예이며 영광인 것입니다.

우리를 죄와 더러움에서 꺼내는 것이 하나님이 의도하신 구원의 궁극적 목적이 아닙니다. 우리가 지은 모든 죄를 그냥 다 지워 버리고 표백하고 페인트로 덧칠하여 끝내시려고 시작하신 구원이 아닙니다. 우리의 인생과 실존에 하나님의 그림을 그리시겠다고 시작하신 일입니다.

율법의 의도

율법의 의도가 무엇입니까? 십계명을 봅시다. 나 외에 다른 신을 두지 마라, 나를 피조물의 형상으로 조각하지 마라, 내 이름을 망령되이 일컫지 마라, 안식일을 거룩히 지키라, 라고 하십니다.

십계명을 통해 드러난 하나님은 어떤 존재입니까? 하나님을 표현할 적절한 단어로는 부족하지만 하나님은 충분하신, 홀로 충분하신 분이라고 말할 수 있습니다. 또 하나님은 홀로 주인이십니다. 이 말은 단지 모든 권력이 하나님에게 집중되어 있다는 뜻이 아닙니다. 영광과 생명과 진리와 의와 가치와 승리와 모든 만족이 하나님에게서 나온다는 말입니다. 그분만이 이런 것들을 주실 수 있습니다. 하나님은 이런 좋은 것들 중 하나를 책임지는 분으로 계시지 않습니다. 하나님은 모든 인간과 세상을 다스리기에 충분하시다는 것이 십계명의 전반부입니다.

십계명의 후반부는 거짓말하지 마라, 도둑질하지 마라, 살인하지 마라, 네 이웃의 것을 탐내지 마라, 입니다. 이런 계명은 어떤 의미를 띠고 있을까요? 너의 필요를 네 이웃에게서 빼앗아야 할 만큼 너를 가난하게 놔두시는 하나님이 아니다, 너와 네 이웃의 쓸 것은 하나님이 채우신다, 그러니 너는 넉넉하게 살아라, 하는 것입니다.

예수님이 이 모든 계명을 하나로 모으셨습니다. 어느 계명이 가장 큰지를 묻는 질문에 네 마음을 다하고 뜻을 다하고 성품을 다하여 주 너희 하나님을 사랑하라, 네 이웃을 네 몸과 같이 사랑하라, 라고 답하셨습니다. 이 말씀에 모든 율법과 하나님의 뜻이 담겨 있다고 하셨습니다.

그러니 율법이란 우리가 지켜서 구원을 얻는 조건도 아니고, 하나님과의 관계를 지속하는 방법도 아니고, 하나님의 백성으로서의 자기 가치를 확인하는 방법도 아닙니다. 그것은 놀라운 부름인 것입니다.

율법은 우리로 하나님과 화목하게 하며 하나님을 사랑하게 하기 위하여 제시된 것으로, 하나님이 누구시며 하나님이 무엇을 위하여 우리를 부르셨는가에 대한 요약이자 하나님에 대한 아주 세밀하고 자상한 설명입니다. 그러나 이스라엘은 끝까지 율법을 자기들을 구별하는 조건으로 써 버렸습니다. 그래서 어떤 일이 생겼습니까? 예수님이 오시자 그를 거절해 버렸습니다. 여기가 바로 율법의 의도와 달리 인간의 죄성이 율법을 어떻게 악용하고 왜곡하는지 드러나는 중요한 부분입니다.

이와 같이 우리도 율법을 논할 때마다 율법을 지킨 것은 내 노력의 성과였고 지금도 나는 율법을 지키고 있다, 하나님이 나를 부르신 이유는 내가 쓸모 있어서였다, 하나님은 나라는 존재가 유용하다는 것을 이미 알고 계셨기 때문이다, 그러니 나는 너와 다른 존재다, 하며 아직도 심각한 오해에서 벗어나지 못할 때가 많습니다.

성령으로 맺히는 열매

예수만이 하나님과 인간 사이를 이을 수 있습니다. 예수는 하나님이 당신의 백성을 당신께로 인도하시려고 세우신 유일한 방법이자 문이며 내용입니다. 그 어떤 명분이나 유용함이나 덕목도 예수 없이 쓰인다면 기독교 신앙의 관점에서는 죄입니다. 죄란 '하나님 없음'이기 때문입니다. 이 문제를 갈라디아서에서 보면 더 분명해집니다. 갈라디아서 5장 22절입니다.

> 오직 성령의 열매는 사랑과 희락과 화평과 오래 참음과 자비와
> 양선과 충성과 온유와 절제니 이같은 것을 금지할 법이 없느니라
> (갈 5:22-23)

이 말씀의 강조점은 성령의 열매를 '맺자'가 아니라 '성령의 열매'입니다. 나의 신앙이 얼마나 좋은지 하나님이 이런 열매로 보상해 주셨다고 생각하라는 것이 아닙니다. 성령만이 맺을 수 있는 열매

가 나에게 열리게 되었다는 말입니다. 요한복음 15장에 가 봅시다.

> 나는 포도나무요 너희는 가지라 그가 내 안에, 내가 그 안에 거하
> 면 사람이 열매를 많이 맺나니 나를 떠나서는 너희가 아무 것도
> 할 수 없음이라 (요 15:5)

포도가 열리는 곳은 가지이지만 포도는 포도나무의 열매입니다. 가지가 포도나무와 분리되거나 구별되거나 경쟁하는 것이 아닙니다. 또한 가지가 열매를 맺어 포도나무에 대하여 자신의 가치를 증명하는 것도 아닙니다. 나무의 열매는 당연히 그 나무의 가지에 달리듯 성령의 아홉 가지 열매도 당연히 성령이 맺으신 열매입니다.

그러나 우리는 성령의 열매를 맺지 않고 자신의 열매를 맺으려고 노력할 때가 많습니다. 이 부분이 위험합니다. 기도했더니 이루어졌더라, 이런 고백은 중요한 간증입니다. 하나님이 기도를 들어주셨다는 것입니다. 그러나 이런 식의 간증에는 하나님이 이루어 주셨지만 '내가' 기도해서라는 단서가 붙어 있을 때가 많습니다. 내가 해서 된 것이라고 합니다. 물론 신앙생활에서 노력은 중요합니다. 그러나 하나님에게 강조가 있는가, 아니면 자기 자신을 강조하는가, 어디에 강조가 있는지 주의하십시오. 자기 자랑은 어디로 간다고 했습니까? 자랑은 꼭 정죄로 갑니다. "너는 안 해서 그 정도밖에 안되는 거야" 이렇게 말입니다.

우리는 해서 받았고, 저 사람은 안 해도 받고 있습니다. 하나님은 그렇게 일하십니다. 이 점이 불만이십니까? 포도원 비유를 기억하십시오. 아침 일곱 시부터 일한 자와 오후 다섯 시에 들어와 한 시

간 일한 자에게 동일하게 한 데나리온을 줬더니 아침에 온 일꾼이 화를 냅니다. 여기서 반드시 기억해야 하는 것이 있습니다. 바로 예수입니다. 이를 본문에서는 무엇이라고 했습니까.

> 어찌 그러하냐 이는 그들이 믿음을 의지하지 않고 행위를 의지함이라 부딪칠 돌에 부딪쳤느니라 기록된 바 보라 내가 걸림돌과 거치는 바위를 시온에 두노니 그를 믿는 자는 부끄러움을 당하지 아니하리라 함과 같으니라 (롬 9:32–33)

예수는 누구에게 걸림돌이 되었습니까? 자기 증명을 하려는 자들에게는 예수가 걸림돌이 됩니다. 그들은 아침에 온 자와 오후에 온 자가 똑같은 대우를 받는다는 사실에 항복하려 하지 않습니다.

여기서 다시 한 번 정리하고 넘어갑시다. 율법은 지켜서 구원을 얻게 하는 조건이 아닙니다. 율법은 하나님이 우리를 어떤 지위와 명예로 부르셨는가를 말해 줍니다.

우리는 율법이든, 믿음이든, 사람을 잡는 데 씁니다. 그러지 말고 사람을 살리는 데 써 보십시오. 자신의 인생을 밖에서 보상받아 명예를 유지하려고 하지 마십시오. 그리고 다른 누구를 잡아 자신의 명예를 유지하지도 마십시오. 이웃을 해치지 말고 오히려 그들에게 삼켜진 존재같이 되어 그들을 살리십시오. 그렇게 멋지게 감당하여 자신의 명예를 확인하십시오. 만일 그렇게 하지 않는다면, 율법도 예수도 우리에게는 걸림돌 외에 아무것도 아닌 것이 됩니다. 예수 믿는 것이 다만 힘들고 억울할 뿐입니다. 돌아보십시오. 하나님이 예수를 십자가에 매달아 자신의 영광을 증언하고 계십니다.

질문하기

1.

율법은 언제 주어졌습니까?

_____

2.

하나님과 화목하게 하고 하나님을 사랑하게 하기 위하여 주신
율법을 이스라엘은 어떻게 오용했습니까?

_____

3.

예수는 누구에게 걸림돌이 됩니까?

_____

나누기

신앙생활에서 하나님이 아닌 나 자신을 강조하게 되면 어떤 어려
움이 생겨나는지 함께 나누어 봅시다.

전도,
누구에게나 보내지다

14 그런즉 그들이 믿지 아니하는 이를 어찌 부르리요 듣지도 못한 이를 어찌 믿으리요 전파하는 자가 없이 어찌 들으리요 15 보내심을 받지 아니하였으면 어찌 전파하리요 기록된 바 아름답도다 좋은 소식을 전하는 자들의 발이여 함과 같으니라 16 그러나 그들이 다 복음을 순종하지 아니하였도다 이사야가 이르되 주여 우리가 전한 것을 누가 믿었나이까 하였으니 17 그러므로 믿음은 들음에서 나며 들음은 그리스도의 말씀으로 말미암았느니라 18 그러나 내가 말하노니 그들이 듣지 아니하였느냐 그렇지 아니하니 그 소리가 온 땅에 퍼졌고 그 말씀이 땅 끝까지 이르렀도다 하였느니라 19 그러나 내가 말하노니 이스라엘이 알지 못하였느냐 먼저 모세가 이르되 내가 백성 아닌 자로써 너희를 시기하게 하며 미련한 백성으로써 너희를 노엽게 하리라 하였고 20 이사야는 매우 담대하여 내가 나를 찾지 아니한 자들에게 찾은 바 되고 내게 묻지 아니한 자들에게 나타났노라 말하였고 21 이스라엘에 대하여 이르되 순종하지 아니하고 거슬러 말하는 백성에게 내가 종일 내 손을 벌렸노라 하였느니라 (롬 10:14-21)

믿음으로 누구든지

계속해서 우리는 이스라엘의 구원을 다루고 있습니다. 하나님의 특별한 선택을 입었으나 예수를 거부한 한 민족의 운명을 말입니다. 이스라엘은 예수를 못 박았고 거부했습니다. 그리하여 희한하게 복음은 이방에게로 넘어갔습니다.

그러면 이제 이스라엘은 어떻게 될 것인가, 이 질문은 이스라엘이라는 한 나라의 운명에 대한 것일 뿐만 아니라 하나님의 일하심을 입은 우리에 대한 물음이기도 합니다. 하나님은 시작하신 일을 포기하실 수 있는가, 우리가 끝까지 반대하고 거부한다면 하나님의 목적은 변경될 것인가, 하는 문제와 직결됩니다. 그래서 이스라엘의 운명을 제대로 이해하는 것은 복음의 내용과 하나님의 하나님 되심을 이해하는 중요한 열쇠가 됩니다.

바울은 이스라엘의 운명에 대해 이렇게 확신합니다. 이스라엘에게서 이방으로 구원이 넘어갔다, 이 구원은, 아무것도 아니며 무지한 상태에 있던 이방에게 허락된 은혜이다, 이렇게 무지한 자에게도 구원이 허락되었으니, 알지만 거부한 이스라엘에게도 은혜가 승리할 것이다. 이것이 이스라엘의 운명이다, 라고 단언합니다.

이 구원에 대해 로마서 10장은 '누구든지'라는 단어를 제시하여, 11절에서는 '누구든지 그를 믿는 자는 부끄러움을 당하지 아니하리라', 또 13절에서는 '누구든지 주의 이름을 부르는 자는 구원을 받으리라'라고 선언합니다.

여기 나오는 '누구든지'라는 단어를 깊이 이해해야 합니다. '누구든지'는 '누구라도 괜찮고 아무라도 좋은'이라고 무한히 열어 놓으신 것을 의미합니다. 이 말 뒤에 나온 '그를 믿는 자는'으로 묶여 그 범위가 제한되지 않습니다. '누구든지'라는 말은 '믿음으로 누구든지'라는 뜻입니다. 이 '누구든지'는 구원은 우리의 노력이나 자격이 있어야 하는 것이 아니며 율법에 의하여 얻을 수 있는 것도 아님을 시사해 줍니다.

14절과 15절에서는 이런 질문이 제기되고 있습니다. '믿기 위해서는 들었어야 하지 않는가. 듣기 위해서는 그 말씀을 전하는 자가 있어야 하지 않는가. 말씀을 전하려면 그를 보내신 누군가가 있어야 하는 것 아닌가.' 이 질문은 믿음이 우리 안에서 자체적으로 생산된 것이 아니라 밖에서부터 온 것임을 가리킵니다.

복음은 밖에서 온 이야기입니다. 누군가 보내서 이 복음을 듣게 되었습니다. 보내신 이가 누구입니까? 바로 우리 하나님 아버지입니다. 예수는 우리가 쫓아가서 만난 분이 아니며 우리가 지하에 내

려가서 끌어올린 분이 아니라 하나님이 보내신 분입니다. 이 모든 일의 시작은 하나님이시다, 하나님이 근거이시다, 하나님이 시작하신 일이다, 이 이야기를 하려고 '믿음은 들음에서 난다'라고 선언하여 강조하고 있는 것입니다.

15절에서는 이사야 52장을 인용하고 있습니다. "보내심을 받지 아니하였으면 어찌 전파하리요 기록된 바 아름답도다 좋은 소식을 전하는 자들의 발이여 함과 같으니라." 이 말씀은, 복음을 전한 자들이 얼마나 귀한가를 말하는 것이 아닙니다. 이들을 보내신 하나님은 얼마나 놀라우신가 하는 이야기입니다. 그리고 곧바로 이어서 '그러나 그들이 다 복음을 순종하지 아니하였도다 이사야가 이르되 주여 우리가 전한 것을 누가 믿었나이까'라는 말씀이 16절에 나옵니다.

우리가 전한 것을 누가 믿었습니까. 여호와의 팔이 누구에게 나타났습니까. 아무도 예수를 알아보지 못했고 아무도 순종하지 않았습니다. 예수는 우리 손에 죽으셨습니다. 우리가 기대하는 신과 달라서, 우리 마음에 들지 않아서 우리가 그를 죽인 것입니다. 하나님은 그럴 줄 아시면서도 예수를 보내셨습니다. 보내시고 우리가 어떻게 하는지 두고 보신 후에 구원이라는 결과를 주신 것이 아니라, 그를 죽인 우리를 예수의 죽음으로 감싸 안아 부활로 반전하신 것입니다.

이것이 복음입니다. 회개하고 구원받은 것이 아니라 예수를 죽이고 구원받습니다. 회개는 하나님의 은혜로 새 생명을 얻은 다음에 오는 것입니다. 내가 한 짓이 무엇인지, 예수가 무엇을 이루어 주셨는지를 깨달아 통곡하는 것이 회개입니다. 자신이 전에는 얼마나 패역한 존재였는지를 알고, 이제는 누구 품에 안겼는가를 아는 것이 회개입니다.

누구에게나 찾아오신 예수

마태복음 13장을 보면 이 일에 대한 예수님의 중요한 설명이 나옵니다.

> 제자들이 예수께 나아와 이르되 어찌하여 그들에게 비유로 말씀하시나이까 대답하여 이르시되 천국의 비밀을 아는 것이 너희에게는 허락되었으나 그들에게는 아니되었나니 무릇 있는 자는 받아 넉넉하게 되되 없는 자는 그 있는 것도 빼앗기리라 그러므로 내가 그들에게 비유로 말하는 것은 그들이 보아도 보지 못하며 들어도 듣지 못하며 깨닫지 못함이니라 이사야의 예언이 그들에게 이루어졌으니 일렀으되 너희가 듣기는 들어도 깨닫지 못할 것이요 보기는 보아도 알지 못하리라 이 백성들의 마음이 완악하여져서 그 귀는 듣기에 둔하고 눈은 감았으니 이는 눈으로 보고 귀로 듣고 마음으로 깨달아 돌이켜 내게 고침을 받을까 두려워함이라 하였느니라 (마 13:10-15)

이스라엘 백성이 말을 듣지 않는 이유를 무엇이라고 말씀합니까? 자기네 마음이 변할까 봐, 자기네 자부심이 무산될까 봐, 자기네가 알고 있던 것이 틀렸을까 봐, 계속 고집을 부린다고 합니다. 그런 후에 이 말씀이 나옵니다.

> 그러나 너희 눈은 봄으로, 너희 귀는 들음으로 복이 있도다 내가
> 진실로 너희에게 이르노니 많은 선지자와 의인이 너희가 보는 것
> 들을 보고자 하여도 보지 못하였고 너희가 듣는 것들을 듣고자 하
> 여도 듣지 못하였느니라 (마 13:16-17)

거부하는 백성들, 말 안 듣는 백성들, 자기들의 고집을 세우기 위하
여 기를 쓰고 반대하는 백성들에게 예수님이 찾아오셨다는 말씀입
니다. 예수님은 말씀을 전하신 후에 우리가 믿는지 안 믿는지를 보
신 것이 아닙니다. 우리가 듣는지 안 듣는지에 따라 결정되는 일을
하시지 않았습니다. 말씀을 듣지 않으려 하고 고개를 돌리고 기를
쓰고 반항하는 이들에게 주께서 찾아오셨다고 합니다. 이것이 복음
입니다. 또한 이것이 믿음이라는 말에 담긴 뜻입니다. 행위가 아닌
것, 하나님이 작정하셔서 당신의 은혜와 능력과 성실로 밀어붙이신
것, 누구에게나 찾아오는 복음, 누구에게나 찾아오는 구원, 누구에
게나 찾아오는 하나님의 임재를 말합니다. 이것이 우리를 향한 하
나님의 성실하심입니다. 우리의 반응을 뚫고 극복하고 들어오신 하
나님의 구원이 우리를 이 자리로 부르는 것입니다.

이 자리는 '누구든지' 올 수 있는 자리입니다. '누구든지'란 아무
것도 아닌 자를 말합니다. 아무것도 아닌 자에게 하나님이 찾아들
어 와 그의 반응과 이해와 결단이 있기 이전에 구원을 베푸십니다.
아무도 생각지 못했던 일입니다. 아무 일도 일어날 리 없다고 여기
던 자리에서 말입니다. "우리가 전한 것을 누가 믿었느냐 여호와의

팔이 누구에게 나타났느냐"(사 53:1). 우리는 그런 모습을 하고 오시는 이가 메시아일 리 없다고 생각했지만 이제는 이 길이 얼마나 굉장한 길인지 압니다.

누구에게나 찾아가는 인생

이제 하나님은 '누구든지'를 위하여 '누구든지'를 보내십니다. 본문 로마서 10장대로 하면 이렇습니다. 15절입니다.

> 보내심을 받지 아니하였으면 어찌 전파하리요 기록된 바 아름답도다 좋은 소식을 전하는 자들의 발이여 함과 같으니라(롬 10:15)

이 말씀에서, 사명에 불타는 열정적인 선교사가 기쁜 얼굴로 복음 전하러 뛰어가는 모습을 쉽게 연상하지 말기 바랍니다. 우리의 기대와는 다르게 복음이 전파되는 모습이 사도행전 8장에 나옵니다. 스데반은 돌에 맞아 죽고 바울은 스데반의 죽음을 마땅하게 여깁니다. 그리고 그날 예루살렘 교회에 핍박이 일어나서 다 흩어집니다. 여기서 대체 무엇이 아름답습니까? 좋은 소식을 전하는 자들의 발이 아름답습니까? 쫓기는 발이며, 목숨을 부지하려고 도망가는 발입니다. 그런데 복음은 그렇게 세계에 퍼집니다.

우리는 이런 것이 싫습니다. 아무것도 아닌 존재로, 아무것도 아닌 자리에 있는 것이 싫습니다. 하나님이 일하시는 것 같지 않은 현실, 나 자신도 한심해 보이는 일상, 떠밀리고 짓눌린 인생이 분하고 억울합니다. 그래서 건강하게 해 주세요, 지위를 주세요, 돈 좀 주세요, 라는 기도를 합니다. 하나님, 이 모든 것을 단지 저 자신만을 위해서 쓰지는 않을게요, 라는 단서를 붙이면서 말입니다.

그러나 하나님은 그렇게 안 하십니다. 짓밟아서 보내십니다. 빈대떡 만들 듯이 맷돌에 갈아서 보내십니다. 하지만 그것은 위대한 인생입니다. 하나님의 보냄을 받은 인생을 사는 것입니다. 이 아무것도 아닌 존재를 보내어 하나님은 누구에게나 찾아가십니다. 이를 깨닫지 못하면 세상에 대하여 밤낮 두려워 떠는 것밖에 할 것이 없습니다.

요즈음 많이들 이런 염려를 합니다. 이러다 한국 교회는 어떻게 되는 것 아닐까요, 하면서 다들 걱정합니다. 어느 교회는 어떻고, 또 어느 교회는 망하게 되었다는데, 하면서 전전긍긍합니다. 이 무슨 한심한 비명입니까? 도대체 하나님을 어떤 분으로 여기는 것입니까? 우리가 다 죽으면 기독교가 망할 것 같습니까? 도대체 어디서 그런 바보 같은 소리를 듣고 와서 벌벌 떠는 것입니까? 무엇을 겁내십니까? 교회 건물이 다른 종교에 넘어가고 예수 믿는 사람들이 다 죽으면 기독교가 망한답니까? 그러면 세상이 이깁니까? 이런 바보 같은 신앙을 도대체 누구한테 배웠습니까?

시간 속을 살아 내는 인생

예수님이 공생애를 시작하면서 받으신 시험이 무엇입니까? 그 시험은 모두 시간을 초월하라는 요구였습니다. '시간 속을 걸을 필요는 없잖아. 돌을 떡으로 만들어라. 성전에서 뛰어내리면 천사가 받들어 줄 것이다. 내게 절하면 세상을 다 주겠다. 바로 결론을 만들어라' 하는 것이었습니다.

그러나 결과는 그런 식으로 나올 수 있는 것이 아닙니다. 그 결과가 나오기까지 채워지고 구체화하는 어떤 과정이 필요합니다. 하나님은 우리를 사랑하시고 약속을 주셨습니다. 하나님이 우리에게 하신 약속은 예수가 시간과 공간 속에서 인생을 살아 내셔서 성취됩니다. 그렇게 하셔서 우리에게 우리가 걷는 인생이 결심이나 결단으로, 곧 말로 때우거나 설명될 수 있는 것이 아니라고 하십니다.

본문의 결론을 한마디로 하면, 20절에 있듯 찾지 아니한 자들에게 찾은 바 되고 묻지 아니한 자들에게 나타난 하나님입니다. 곧 하나님의 성실하심입니다. 당신을 찾지 아니한 자들에게 찾아가시고 묻지 않은 자들에게 나타나시는 하나님이 오늘 나를 이 자리로 보내십니다. 나를 반가워하지 않는 자와 내가 누구인가를 물어보지도 않는 자들 앞에 나를 보내시는 분은 하나님이십니다. 그러니 우리 인생이 막막하고 아무것도 아닌 것 같다고 생각하는 것은 죄입니다.

21절에서 하나님은 당신을 늘 거부하고 반대하고 배신하는 백성에게 종일 손을 벌렸다고 말씀합니다. 우리가 이 손입니다. 기독교 시대, 기독교 사회, 기독교 국가라는 것은 세상에는 없습니다. 이 세상은 기독교인을 낳지 못합니다. 죄인을 낳을 뿐입니다. 세상 권력의 기본은 죄입니다. 거기에 하나님이 당신의 백성을 보내시고 거기에 있는 사람들을 부르십니다.

'내가 종일 내 손을 벌렸노라.' 우리가 그렇게 서 있습니다. 옆에 아무도 없는 것 같고, 나 혼자인 것 같고, 정말 아무것도 아닌 것 같다고 생각될 때마다 기억하십시오. 이 아무것도 아닌 자를 위하여 아무것도 아닌 나를 보내신다, 나는 찾지 않고 묻지 않는 자들에게 찾아가는 하나님의 실제적인 손길이다, 라고 말입니다.

질문하기

1.

구원에 대하여 로마서 10장은 '누구든지'라는 단어를 제시합니다. '누구든지'의 범위를 어떻게 이해해야 합니까?

2.

예수님은 어떤 백성들에게 찾아오셨습니까?

3.

'찾지 아니한 자들에게 찾은 바 되고 묻지 아니한 자들에게 나타난 하나님'은 오늘날 어떻게 찾지 않고 묻지 않는 자들을 찾아가십니까?

나누기

아무것도 아닌 것 같고 때로는 한심해 보이는 내 인생이 누군가에게 다가가시는 하나님의 도구로 사용되고 있다는 사실을 경험한 적이 있다면 함께 나누어 봅시다.

거역,
하나님의 깊은 얼굴

1 그러므로 내가 말하노니 하나님이 자기 백성을 버리셨느냐 그럴 수 없느니라 나도 이스라엘인이요 아브라함의 씨에서 난 자요 베냐민 지파라 **2** 하나님이 그 미리 아신 자기 백성을 버리지 아니하셨나니 너희가 성경이 엘리야를 가리켜 말한 것을 알지 못하느냐 그가 이스라엘을 하나님께 고발하되 **3** 주여 그들이 주의 선지자들을 죽였으며 주의 제단들을 헐어 버렸고 나만 남았는데 내 목숨도 찾나이다 하니 **4** 그에게 하신 대답이 무엇이냐 내가 나를 위하여 바알에게 무릎을 꿇지 아니한 사람 칠천 명을 남겨 두었다 하셨으니 **5** 그런즉 이와 같이 지금도 은혜로 택하심을 따라 남은 자가 있느니라 **6** 만일 은혜로 된 것이면 행위로 말미암지 않음이니 그렇지 않으면 은혜가 은혜 되지 못하느니라 **7** 그런즉 어떠하냐 이스라엘이 구하는 그것을 얻지 못하고 오직 택하심을 입은 자가 얻었고 그 남은 자들은 우둔하여졌느니라 **8** 기록된 바 하나님이 오늘까지 그들에게 혼미한 심령과 보지 못할 눈과 듣지 못할 귀를 주셨다 함과 같으니라 **9** 또 다윗이 이르되 그들의 밥상이 올무와 덫과 거치는 것과 보응이 되게 하시옵고 **10** 그들의 눈은 흐려 보지 못하고 그들의 등은 항상 굽게 하옵소서 하였느니라 **11** 그러므로 내가 말하노니 그들이 넘어지기까지 실족하였느냐 그럴 수 없느니라 그들이 넘어짐으로 구원이 이방인에게 이르러 이스라엘로 시기나게 함이니라 **12** 그들의 넘어짐이 세상의 풍성함이 되며 그들의 실패가 이방인의 풍성함이 되거든 하물며 그들의 충만함이리요 (롬 11:1–12)

그럴 수 없느니라

이스라엘은 어떻게 될 것인가, 이것이 로마서 9장에서 11장에 이르기까지 바울이 고민하는 중요한 주제입니다. 이스라엘의 구원을 중요하게 다루는 것은 그들이 예수 믿기를 거부했기 때문에 망하게 되었는가 하는 질문 때문입니다.

이에 대한 바울의 답은 11장 1절에서 보는 바와 같습니다. '그러므로 내가 말하노니 하나님이 자기 백성을 버리셨느냐 그럴 수 없느니라.' 바울은 신실하신 하나님의 의지로 말미암아 이스라엘이 회복되고 구원받을 것이라고 믿고 있습니다. 바울의 이런 확신은 29절에도 나옵니다. "하나님의 은사와 부르심에는 후회하심이 없느니라." 하나님은 실패하지 않으신다는 것입니다. 또 앞의 6절에서 이렇게 설명합니다. "만일 은혜로 된 것이면 행위로 말미암지 않음이니 그렇지 않으면 은혜가 은혜 되지 못하느니라." 이스라엘의 실패가 그들의 운명을 결정한다면 은혜라는 말은 설 자리가 없다는 말씀입니다. 은혜는 그들이 할 수 없는 것을 이루어 주시는 하나님의 선물입니다. 그러니 이스라엘은 실패할 리 없다고 바울은 확신합니다.

이런 답이 나오자 또 다른 질문이 제기됩니다. 결국 다 구원하실 것이라면, 그들이 반역하고 실패하고 못난 짓을 하지 않도록 사전에 막으시지 왜 그때는 개입하지 않으셨는가, 그들로 실컷 못난 짓을 하게 놓아두신 다음에 다시 붙들어 내신다는 말씀은 또 무엇인가 하는 것입니다. 본문에서는 이 질문에 이렇게 답합니다. 11절과 12절을 봅시다.

> 그러므로 내가 말하노니 그들이 넘어지기까지 실족하였느냐 그럴 수 없느니라 그들이 넘어짐으로 구원이 이방인에게 이르러 이스라엘로 시기나게 함이니라 그들의 넘어짐이 세상의 풍성함이 되며 그들의 실패가 이방인의 풍성함이 되거든 하물며 그들의 충만함이리요 (롬 11:11-12)

우리로서는 이해하기 만만치 않은 성경의 답입니다. 이스라엘의 잘못으로 이방에게 복을 주셨고 이스라엘이 넘어짐으로 이방이 유익을 얻었고 이스라엘이 잘못한 것으로 좋은 것을 이루었다는 말씀입니다. 오히려 풍성함을 낳았다는 것입니다.

반대를 허용하시는 이유

하나님의 뜻을 거스르는 일 때문에 하나님의 의지가 방해받은 것이 아니라 오히려 풍성한 내용을 만들어 냈다고 합니다. 이에 대해 성경을 따라 분명하게 이해할 필요가 있습니다. 가장 대표적인 설명은 9장에서 시작했던 바로에 관한 이야기입니다.

> 그런즉 우리가 무슨 말을 하리요 하나님께 불의가 있느냐 그럴 수 없느니라 모세에게 이르시되 내가 긍휼히 여길 자를 긍휼히 여기고 불쌍히 여길 자를 불쌍히 여기리라 하셨으니 그런즉 원하는 자로 말미암음도 아니요 달음박질하는 자로 말미암음도 아니요 오직 긍휼히 여기시는 하나님으로 말미암음이니라 성경이 바로에게 이르시되 내가 이 일을 위하여 너를 세웠으니 곧 너로 말미암아 내 능력을 보이고 내 이름이 온 땅에 전파되게 하려 함이라 하셨으니 그런즉 하나님께서 하고자 하시는 자를 긍휼히 여기시고 하고자 하시는 자를 완악하게 하시느니라 (롬 9:14-18)

하나님이 당신의 일을 하시려고 바로를 완악하게 하셨다고 합니다. 이해하기 어려운 내용입니다. 그렇다면 이것이 어떻게 바로의 책임이냐, 라고 우리는 묻고 싶어집니다. 그러나 성경이 하고 싶은 이야기는 책임에 관한 것이 아닙니다.

본문은 바로가 있는 바람에 이스라엘의 구원이 풍성해졌다고 합니다. 모세가 가서 이스라엘을 해방한 것은 사실이지만 바로라는 대적이 있어서 이 구원이 얼마나 큰 것인지, 이 구원을 목적하신 이가 어떤 분인지 더 풍성하게 나타날 수 있었다고 합니다. 바로가 등장하지 않았다면 하나님의 은혜의 깊이와 크기와 풍성함과 성실함과 능력과 신비를 표현할 방법이 없었을 것입니다. 반전하시고 누적하시고 터트리시는 하나님의 역동적인 일하심을 표현할 방법도 없었을 것입니다.

그렇다고 해서 이스라엘이 겪은 일들이 다만 하나님을 보여 주기 위한 어떤 장치나 치장에 불과한 것은 아닙니다. 그들이 겪은 고난과 역경은 하나님의 구체적 진심이라고 이해해야 합니다. 시간과 공간 속에 들어와서 일하시는 하나님의 땀이요, 하나님의 손길이요, 열심을 내는 하나님의 깊은 얼굴입니다.

그러니 이스라엘에 대해서 어떻게 생각해야 할까요? 이스라엘은 예수를 반대하고 거부했습니다. 그리하여 구원이 이방에 넘어갔습니다. 결국 이 일을 통해 하나님의 구원은 누군가의 도움이나 협조가 있어야만 가능한 것이 아니라는 사실이 드러났습니다. 그리고 이제 더 나아가 이스라엘의 거부에도 불구하고, 아니 이스라엘의 실패 속에서 하나님은 이방까지 더욱 크게 담아내셨습니다.

믿음이 서는 자리

믿음이란 하나님이 우리를 찾아오신 방식입니다. 우리는 늘 오해하여 우리가 하나님을 찾아간다고 생각합니다. 그래서 우리는 믿음을 우리의 순종이나 결정이라고 생각합니다. 하지만 우리가 하나님을 찾아간 것이 아니라 하나님이 우리를 찾아오셨다는 것이 예수를 통해 분명하게 드러났습니다. 죄인을 당신의 자녀로 만들기 위하여 십자가에 매단 것, 그것이 믿음이라는 하나님의 방식입니다.

그러나 우리는 이해하고 결심하고 순종한 것이 믿음이라고 하여 우리끼리 패를 갈라 버렸습니다. 하나님이 죄인을 찾아오셨다는 사실이 우리 사이의 모든 차이를 덮고 있다는 것을 모릅니다. 죄인이라는 말 속에 들어 있는 모든 인류, 모든 역사, 모든 운명이 그 은혜에 덮여 있다는 사실을 모릅니다.

그러니 일어나는 모든 일들에 대하여 '나는 믿었고 너는 안 믿었다'는 식으로 쉽게 둘로 나누지 마십시오. 아직은 모릅니다. 역사적 사실은 우리의 구별과는 다른 하나님의 방법을 증언합니다. 특히 본문에서는 엘리야로 증명합니다.

엘리야는 호렙 산으로 도망가서 하나님에게 지금 자신의 생명을 거두어 가시라고 비명을 지릅니다. "엘리야야, 네가 왜 여기 있느냐?"라고 하나님이 물어보십니다. 엘리야는 "하나님, 다 죽고 나 하나 남았습니다. 그들이 나도 죽이려고 해서 도망 왔습니다"라고 답합니다. 하나님은 "내가 칠천 명이나 남겨 두었다. 내가 남겨 둔 것이다. 이스라엘은 여전히 망하지 않았다"라고 말씀하십니다. 엘리야가 생각한 것처럼 이스라엘이 망했습니까? 아닙니다.

바울은 이렇게 이야기합니다. '나도 남아 있다. 나도 이스라엘 사람이다. 베냐민 지파다. 하나님이 이스라엘을 버리지 않으셨다.' 그런 의미에서 이스라엘은 무엇을 보여 주고 있습니까? 하나님이 이스라엘을 당신의 백성으로 부르신 은혜와 택하심은 여전히 유효하고 여전히 우선하다는 것을 증언해 줍니다.

앞에서 본 바를 생각해 봅시다. 바로가 일어나서 무엇을 했습니까? 이스라엘을 핍박하고 저들의 자유를 막아셨습니다. 그러나 오히려 바로는 이스라엘이 누구이며, 하나님이 이스라엘에게 행하신 것이 무엇인지, 그렇게 행하시는 하나님이 누구신지를 아는 일에 의도하지 않게 풍성한 기여를 했습니다. 하나님이 바로를 그렇게 쓰셨습니다. 이것으로 바로는 결국 무엇을 합니까? 자기 후손들을 구하게 됩니다. 왜냐하면 이런 과정을 통해 이스라엘이 이방의 빛으로 부름을 받았기 때문입니다.

바울의 삶에서도 이런 일들이 일어났습니다. 바울은 스데반을 죽인 사람인데 사도로 부름을 받습니다. 만약에 우리가 이스라엘은 잘못했으니 망해야 한다는 논리를 계속해서 고집한다면 바울 같은 사람은 나올 수 없는 법입니다.

더 나아오라

바울이 제시하는 논리로 자신의 신앙을 점검해 보십시오. 우리의 삶에서 하나님이 무엇을 하시는가, 우리가 자책하고 분노하는 것이 우리에게 무엇을 만드는가 보십시오. 이 모든 것들이 은혜를 더 깊이 경험하게 만듭니다. 잘했을 때보다 못했을 때 은혜가 더 깊다는 것을 기억해야 합니다. 우리 안에 바로가 있고 우리 안에 이스라엘이 있고 우리 안에 바울이 있습니다. 이런 것들이 하나님에게 붙잡혀 사용되면 그분의 구원의 영광을 드러내는 도구가 됩니다. 그러니 예수의 부활은 얼마나 더 큰 것을 가져오겠습니까. 이런 감격과 기대가 있어야 합니다. 그래야 우리의 인생을 견딜 수 있고 예수를 믿는다는 말이 지닌 힘을 알 수 있습니다. 자신에게도 타인에게도 괜찮아, 라는 말을 할 수 있게 됩니다. 넘어지셨습니까? 일어나십시오. 넘어지는 것이 유익이 되며 실력이 되게 하는 십자가의 능력, 하나님의 은총이 있습니다.

그러니 불순종은 하나님의 일에 방해가 되지 못합니다. 오히려 하나님은 거기서 당신의 영광을 더욱 풍성하게 드러내십니다. 하나님의 은혜와 능력은 이해할 수 없는 것이다, 이 자리에 나오라, 방황하는 피조물을 구원하시고자 하는 하나님에 대하여 말할 수 없는 경탄과 억제할 수 없는 찬송의 자리로 오라, 이것이 로마서 11장의 결론입니다.

> 깊도다 하나님의 지혜와 지식의 풍성함이여, 그의 판단은 헤아리지 못할 것이며 그의 길은 찾지 못할 것이로다 누가 주의 마음을 알았느냐 누가 그의 모사가 되었느냐 누가 주께 먼저 드려서 갚으심을 받겠느냐 이는 만물이 주에게서 나오고 주로 말미암고 주에게로 돌아감이라 그에게 영광이 세세에 있을지어다 아멘 (롬 11:33-36)

예수를 보내신 우리 아버지 하나님이 예수 안에서 이루신 일이 일으키는 경탄입니다. 예수의 죽으심과 부활로 모든 성도들에게 영원토록 묶어 주신 운명이 여기 있습니다. 우리를 무너뜨릴 수 있는 것은 아무것도 없습니다. 자책과 회개에 붙잡혀 있지 마십시오. 더 나아오십시오. 우리가 예수를 죽이고 거부했음에도 은혜를 주셨다면, 우리의 순종과 간절함을 통해서는 얼마나 더 큰 은혜를 경험할 수 있겠는가, 얼마나 놀라운 기적이 우리 생애에 일어나겠는가 하는 기대와 소망 속에 살아가는 인생이 되기 바랍니다. 그러면 다른 사람이 우리를 보고 놀라기 전에 우리가 우리 자신을 보고 먼저 놀랄 것입니다. 예수의 생애가 그러했던 것처럼, 아무것도 아닌 것 같으나 위대한 하나님의 사람으로 살아나가는 기쁨과 자랑과 감사가 넘치기를 권합니다.

질문하기

1.

이스라엘의 넘어짐으로 일어난 결과는 무엇입니까?

_____

2.

바로라는 대적이 있어서 드러난 것이 무엇입니까?

_____

3.

우리의 자책과 분노에도 하나님이 우리 인생에서 주시는 것은
무엇입니까?

_____

나누기

실패를 통해 더 큰 은혜를 경험했던 적이 있다면 나누어 봅시다.

10

거룩,
포기하지 않으심

13 내가 이방인인 너희에게 말하노라 내가 이방인의 사도인 만큼 내 직분을 영광스럽게 여기노니 **14** 이는 혹 내 골육을 아무쪼록 시기하게 하여 그들 중에서 얼마를 구원하려 함이라 **15** 그들을 버리는 것이 세상의 화목이 되거든 그 받아들이는 것이 죽은 자 가운데서 살아나는 것이 아니면 무엇이리요 **16** 제사하는 처음 익은 곡식 가루가 거룩한즉 떡덩이도 그러하고 뿌리가 거룩한즉 가지도 그러하니라 **17** 또한 가지 얼마가 꺾이었는데 돌감람나무인 네가 그들 중에 접붙임이 되어 참감람나무 뿌리의 진액을 함께 받는 자가 되었은즉 **18** 그 가지들을 향하여 자랑하지 말라 자랑할지라도 네가 뿌리를 보전하는 것이 아니요 뿌리가 너를 보전하는 것이니라 **19** 그러면 네 말이 가지들이 꺾인 것은 나로 접붙임을 받게 하려 함이라 하리니 **20** 옳도다 그들은 믿지 아니하므로 꺾이고 너는 믿으므로 섰느니라 높은 마음을 품지 말고 도리어 두려워하라 **21** 하나님이 원 가지들도 아끼지 아니하셨은즉 너도 아끼지 아니하시리라 **22** 그러므로 하나님의 인자하심과 준엄하심을 보라 넘어지는 자들에게는 준엄하심이 있으니 너희가 만일 하나님의 인자하심에 머물러 있으면 그 인자가 너희에게 있으리라 그렇지 않으면 너도 찍히는 바 되리라 **23** 그들도 믿지 아니하는 데 머무르지 아니하면 접붙임을 받으리니 이는 그들을 접붙이실 능력이 하나님께 있음이라 **24** 네가 원 돌감람나무에서 찍힘을 받고 본성을 거슬러 좋은 감람나무에 접붙임을 받았으니 원 가지인 이 사람들이야 얼마나 더 자기 감람나무에 접붙이심을 받으랴

(롬 11:13-24)

두려운 은혜

사도 바울은 하나님의 은혜가 이스라엘의 실패에도 불구하고 이방에까지 퍼져 나갔으며, 이방을 구한 이 은혜가 결국 이스라엘의 실패와 거부까지 끌어안을 것이라고 말합니다. 은혜는 우리의 저항과 거부와 무지와 못난 것을 극복합니다. 그렇다고 해서 은혜를 값싸게 생각해서는 안 된다고 경고하는 내용이 본문 말씀입니다. 은혜란 혼란이나 방치를 의미하지 않습니다. 은혜를 두렵고 굉장한 것으로 기억하라고 합니다. 22절이 본문의 핵심입니다.

그러므로 하나님의 인자하심과 준엄하심을 보라 넘어지는 자들에게는 준엄하심이 있으니 너희가 만일 하나님의 인자하심에 머물러 있으면 그 인자가 너희에게 있으리라 그렇지 않으면 너도 찍

히는 바 되리라(롬 11:22)

무서운 경고입니다. 하나님의 준엄하심을 보십시오. 이스라엘의 역사가 그토록 고단했던 것은 하나님이 불순종하는 이스라엘을 방치하지 않으셨기 때문입니다. 이스라엘이 잘못할 때마다 하나님이 꾸중하시고 가르치셨습니다. 그들을 버리시거나 외면하시지 않고 그들과 타협하시지도 않아서 그들의 역사가 고달팠습니다. 우리가 은혜를 논하려면 우리를 향한 하나님의 성실하심이 거룩함을 목표하고 있다는 것과 하나님은 이 목적을 타협하지도 포기하지도 않으신다는 것을 기억해야 합니다.

하나님이 어떤 원칙을 가지고 일하시는지를 설명해 주는 중요한 구절이 있습니다. 갈라디아서 6장 7절, "스스로 속이지 말라 하나님은 업신여김을 받지 아니하시나니 사람이 무엇으로 심든지 그대로 거두리라"라는 말씀입니다. 마찬가지로 요한계시록 2장 23절의 '내가 너희 각 사람의 행위대로 갚아 주리라'라고 하신 말씀도 하나님의 일하심의 대원칙을 알게 합니다.

그런데 하나님은 이런 대원칙, 곧 '심은 대로 거둔다'는 원칙에만 머물러 계시지 않고 그 위에 은혜를 더 베푸십니다. 은혜란 이 원칙을 복되게 하고 영광되게 하는 하나님의 능력과 성실하심과 자비와 긍휼을 가리킵니다. 그렇기 때문에 '은혜가 있으니 아무렇게 살아도 좋다'라는 말은 성경이 말하는 은혜를 오해하는 것입니다. 은혜가 무엇인지 더 잘 알기 위하여 로마서가 인용한 성경의 인물들에 대해서 다시 한 번 생각해 봅시다.

야곱, 너는 포기될 수 없다

먼저 야곱을 생각해 봅시다. 야곱은 얍복 나루터에서 하나님과 씨름합니다. 하나님이 그의 허벅지 관절을 치자 그는 엎드려 울며 복을 빕니다. 이 씨름은 하나님이 거신 씨름이었습니다. 야곱은 얍복 나루터에서 마지막 피할 길만 모색하며 교활하고 한심하게 행동하고 있었습니다.

이 얍복 나루에 오기 이십 년 전, 야곱이 형과 아버지를 속이고 외삼촌 라반의 집으로 도망가는 길에 하나님이 나타나셨습니다. 오로지 자기 힘만 믿고 인생을 살아가던 교활하고 약삭빠른 야곱이 그의 이름대로 약탈자로서 살아가던 때에 하나님이 나타나셔서 약속하십니다. "네가 누운 땅을 너와 네 자손에게 주리니 네 자손이 동서남북에 퍼져 나갈 것이며 모든 족속이 너와 네 자손으로 말미암아 복을 얻을 것이니라. 네가 어디로 가든지 내가 너와 함께 있어 네게 약속한 것을 다 이루기까지 너를 떠나지 아니할 것이며 이리로 돌아오게 하리라." 이것이 창세기 28장에 나온 벧엘 사건입니다.

이십 년이 흘러 야곱은 큰 부자가 되어 고향으로 돌아옵니다. 금의환향은 아니고 도망갈 데가 없어서 고향으로 돌아온 것입니다. 야곱은 외삼촌과 사촌들에게도 미움을 받아 다시 형을 만나러 갈 수밖에 없게 된 처지입니다. 이제 야곱은 얍복 강가에서 모든 재산을 자기가 가기 전에 형에게 보냅니다. 그렇게 하여 형의 마음에 있는 적개심과 복수심을 누그러뜨려야 할 형편이었던 것입니다. 이 화해가 성사될지는 아직 모르는 상황입니다.

야곱은 밤새 초조한 마음을 달래고 있는데 하나님의 사자가 나타나 그와 씨름합니다. 그가 고집을 꺾지 않자 하나님은 그의 허벅지 관절을 치신 후에 가겠다고 하십니다. 야곱은 "내게 복을 주시지 않으면 보내드릴 수 없습니다"라고 하며 그를 붙들고 놓지를 않습니다. 이제 하나님의 사자가 야곱에게 "네 이름이 무엇이냐?"라고 묻습니다. 야곱이라고 이름을 대자 천사는 "다시는 네 이름을 야곱이라고 하지 마라. 네 이름을 이스라엘이라고 하여라. 네가 하나님과 겨루어 싸워 이겼느니라"라고 말합니다. 이해하기 쉽지 않은 말입니다.

자식을 길러 보면 부모의 마음을 알게 됩니다. 사람은 원래 자존심이 강한 존재라서 누구를 닮았다는 말조차도 그리 좋아하지 않습니다. 이것이 사람의 자존심입니다. 그런데 딱 하나 져 주는 대상이 있습니다. 자식이 자기보다 낫다는 말에는 화를 내지 않습니다. 부모가 자녀한테만은 기꺼이 져 주기 때문입니다. 자녀가 자기보다 더 낫기를 바라는 것이 부모의 마음입니다.

하나님은 지금 야곱에게 '너는 나보다 낫다'라고 선언하시는 것입니다. 야곱의 존재가 우월하다는 말이 아닙니다. 하나님은 우리를 사랑하시는 아버지라는 말씀입니다. 이 말을 못 알아들으면 하나님이 야곱의 전 생애에 걸쳐서 어떻게 일하셨는지 이해하지 못하게 됩니다. 야곱은 하나님과의 씨름에서도 버티다가 하나님이 그의 허벅지 관절을 치자, 무릎을 꿇었습니다. 왜 그랬을까요?

야곱도 자기 생애를 압니다. 야곱의 생애란 허망한 인생입니다. 속이고 빼앗아 쟁취하여 고향을 떠나서 살 수밖에 없는 생애입니다. 그렇게 살다가 이제 얍복 나루 앞에 와 서는 것입니다. 아무리 빼앗아도, 아무리 이겨도, 아무 쓸데없다는 것을 깨닫고 여기 서는 것입니다. 답이 없는 인생으로 얍복 나루에 섰는데 하나님이 그에게 와서 씨름을 거십니다.

야곱은 여기서 어떻게 합니까? 매달려서 씨름하는 것 말고 그에게 무슨 대안이 있습니까? 야곱은 자신을 치는 하나님의 손길 속에서 무엇을 보았을까요? 야곱은 자신도 포기한 자기 인생에, 더러움과 허망함이 전부인 자기 몸속에 손을 담그시는 아버지를 보았을 것입니다.

우리는 하나님을 쉽게 포기하고 자기 자신도 쉽게 포기합니다. 자기가 자기를 버리면 그만일 것 같은 인생, 끝까지 남는 궁극적인 자기편은 자기뿐이라고 생각하는 그런 인생을 삽니다. 세상이 그렇게 우리를 속이는 것입니다.

하지만 성경은 우리가 우리 자신을 버려도 그것으로 끝이 아니라고 말씀합니다. 하나님이 너를 버리지 않는 이상 너는 망하지 않는다, 너는 포기될 수 없는 존재다, 라는 사실을 야곱을 통해서 보여 줍니다. 야곱이 잘한 게 뭐가 있습니까? 그가 잘한 것이라곤 하나도 없습니다. 그래서 성경은 야곱을 가리켜 하나님의 약속에서 시작한 자라고 증언하는 것입니다.

없는 존재인 이삭

이 문제를 더 확실하게 증언해 주는 인물이 있습니다. 바로 이삭입니다. 창세기 22장을 보겠습니다.

여호와의 사자가 하늘에서부터 두 번째 아브라함을 불러 이르시되 여호와께서 이르시기를 내가 나를 가리켜 맹세하노니 네가 이같이 행하여 네 아들 네 독자도 아끼지 아니하였은즉 내가 네게 큰 복을 주고 네 씨가 크게 번성하여 하늘의 별과 같고 바닷가의 모래와 같게 하리니 네 씨가 그 대적의 성문을 차지하리라 또 네 씨로 말미암아 천하 만민이 복을 받으리니 이는 네가 나의 말을 준행하였음이니라 하셨다 하니라 (창 22:15-18)

아브라함은 이삭을 바칠 작정이었습니다. 칼을 잡고 이삭을 찌르려고 하는데, 천사가 내려와 막습니다. "됐다. 네가 내 말을 듣고 순종하는 줄 내가 알았으므로 내가 네게 복을 주겠노라"라고 하나님이 말씀하십니다. 이 대목은 아브라함이 자기 자식까지 잡으려고 한 것을 기특하게 여기신 하나님이 그 헌신의 대가로 아브라함에게 큰 보상을 약속하셨다는 말씀으로 종종 오해되는 부분입니다. 그런 뜻이 아닙니다. 12절을 보면 이렇습니다.

사자가 이르시되 그 아이에게 네 손을 대지 말라 그에게 아무 일도 하지 말라 네가 네 아들 네 독자까지도 내게 아끼지 아니하였으니 내가 이제야 네가 하나님을 경외하는 줄을 아노라 (창 22:12)

하나님은 아브라함을 불러 복의 근원으로 삼으셔서 그는 믿음의 조상이 됩니다. 하나님은 그에게 '네 자손이 하늘의 별 같고 땅의 모래 같으리라'라고 약속하십니다. 그리고는 자식을 안 주십니다. 그러다가 백 살에 이르러서야 이삭을 얻습니다. 백 살에 낳았다는 것은 그가 낳을 수 없는 아이를 낳았다는 말입니다.

아브라함에게 아직 자식이 없을 때에 하나님은 그의 이름을 아브람에서 아브라함으로 바꾸십니다. 아브라함은 '열국(列國)의 아비'라는 뜻입니다. 자식은 없는데 이름만 열국의 아비입니다. 그리고 백 살에 이르자, 곧 애를 낳을 수 없는 나이에 이르자 그에게 이삭을 주심으로써 아브라함에게 약속하신 후손은 생물학적 방법으로 퍼져 나가는 것이 아님을 가르치십니다. 이를 보여 주는 것이 이삭입니다. 그런데 그렇게 주신 이삭을 이제 다시 잡으라고 하신 것입니다.

이것으로 아브라함에게 무엇을 확인하게 하십니까? 이 아이는 원래 없는 존재다, 너는 이 일을 기억하고 있느냐, 라는 것입니다. 이 시험에 아브라함은 자식을 잡아 이렇게 답합니다. "그렇습니다. 하나님! 이삭은 없습니다. 내가 자녀를 잘 길러야 후손이 번성하는 것이 아닙니다. 자손의 번성은 하나님이 그렇게 하시겠다고 하면 일어날 결과입니다. 그러니 기꺼이 이삭을 잡겠습니다." 이 답을 들으시고 하나님은 "됐다. 이제야 네가 나를 경외하는 줄 알았다"라고 하셨습니다.

여기서 '내가'라는 말에 주목해야 합니다. 16절의 '여호와께서 이르시기를 내가 나를 가리켜 맹세하노니'라는 말씀은 무에서 유를 창조하는 하나님을 따르라는 말씀입니다. '나는 무에서 유를 창조할 수 있다. 잘못된 자리에서도 승리로 뒤집을 수 있다, 죽음도 뒤집는다, 예수의 부활이 가지는 의미가 무엇인지 보아라.' 이런 하나님의 자기 증언이 여기 있습니다.

내가 은혜로 어떻게 일하는지 보아라, 예수를 믿는 고백이 갖는 힘을 기억하여라, 하루도 나 하나님이 손을 놓고 있는 날은 없다, 네가 지금 얍복 나루에 서 있느냐, 네가 감옥에 갇혀 있느냐, 네가 묶여 모리아 산에 있느냐, 괜찮다, 내 은혜는 쉼 없이 모든 것 속에서 일하고 있다, 무에서 유를 창조하며 죽음을 부활로 바꾸는 나는 하나님이니라, 이것이 성경의 증언입니다.

이 은혜가 혼란과 방치와 우연에 맡겨져 있지 않고, 일하시는 하나님의 성실한 손길에 맡겨져 있다는 사실로 말미암아 우리는 우리 현실과 우리 존재의 한계를 하나님 앞에 기꺼이 내맡겨 '아멘'으로 응답할 수 있고 기꺼이 기쁨으로 순종할 수 있게 되는 것입니다. 이 믿음의 승리와 영광된 인생이 우리 것이 되기를 바랍니다.

질문하기

1.

이스라엘의 역사가 그토록 고단했던 이유는 무엇입니까?

2.

성경이 야곱을 통해서 우리에게 보여 주는 바는 무엇입니까?

3.

아브라함이 백 살에 이르러서야 하나님이 아들을 허락하신 이유는 무엇입니까?

나누기

우리의 거룩함을 목표로 삼고 그것을 포기하시지 않는 하나님 때문에 결국 내 삶에서 스스로 포기할 수밖에 없었던 것들을 나누어 봅시다.

신비,
불순종조차 감싸 안으심

25 형제들아 너희가 스스로 지혜 있다 하면서 이 신비를 너희가 모르기를 내가 원하지 아니하노니 이 신비는 이방인의 충만한 수가 들어오기까지 이스라엘의 더러는 우둔하게 된 것이라 26 그리하여 온 이스라엘이 구원을 받으리라 기록된 바 구원자가 시온에서 오사 야곱에게서 경건하지 않은 것을 돌이키시겠고 27 내가 그들의 죄를 없이 할 때에 그들에게 이루어질 내 언약이 이것이라 함과 같으니라 28 복음으로 하면 그들이 너희로 말미암아 원수 된 자요 택하심으로 하면 조상들로 말미암아 사랑을 입은 자라 29 하나님의 은사와 부르심에는 후회하심이 없느니라 30 너희가 전에는 하나님께 순종하지 아니하더니 이스라엘이 순종하지 아니함으로 이제 긍휼을 입었는지라 31 이와 같이 이 사람들이 순종하지 아니하니 이는 너희에게 베푸시는 긍휼로 이제 그들도 긍휼을 얻게 하려 하심이라 32 하나님이 모든 사람을 순종하지 아니하는 가운데 가두어 두심은 모든 사람에게 긍휼을 베풀려 하심이로다 33 깊도다 하나님의 지혜와 지식의 풍성함이여, 그의 판단은 헤아리지 못할 것이며 그의 길은 찾지 못할 것이로다 34 누가 주의 마음을 알았느냐 누가 그의 모사가 되었느냐 35 누가 주께 먼저 드려서 갚으심을 받겠느냐 36 이는 만물이 주에게서 나오고 주로 말미암고 주에게로 돌아감이라 그에게 영광이 세세에 있을지어다 아멘 (롬 11:25–36)

거부로도 막을 수 없는 은혜

이방은 약속 밖에 있는 자들이었습니다. 그들은 하나님에 대하여 관심이 없었고 하나님도 그들에 대하여 관심이 없는 것처럼 보였습니다. 그런데도 이방이 구원을 받았다는 사실에서 이스라엘에 대한 질문이 이어집니다. 관심 밖에 있는 이방도 구원을 받았는데, 하나님이 관심을 가지셨던 이스라엘은 어떻게 될 것인가?

본문에 나오듯 바울은 이방인들에게 이렇게 답합니다. '이방인들이여, 너희가 얻은 구원은 이스라엘의 배반으로 얻은 것이다. 그러면 너희가 이스라엘보다 더 나은 조건에 있다는 말이냐. 그렇지 않다. 너희의 구원은 은혜 위에 서 있다. 너희가 전적으로 은혜 위에 서 있는 것같이 이스라엘도 은혜 위에 서 있다. 이스라엘의 거부가 하나님의 은혜를 방해할 수 없다.' 그래서 31절이 등장합니다. "이와 같이 이 사람들이 순종하지 아니하니 이는 너희에게 베푸시는 긍휼로 이제 그들도 긍휼을 얻게 하려 하심이라." 이처럼 하나님의 은혜와 긍휼에는 조건이 없습니다. 계속해서 32절을 보겠습니다.

> 하나님이 모든 사람을 순종하지 아니하는 가운데 가두어 두심은 모든 사람에게 긍휼을 베풀려 하심이로다 (롬 11:32)

하나님이 모든 사람을 순종하지 아니하는 가운데 가두어 두신 것은 모든 사람에게 긍휼을 베풀기 위해서라고 합니다. 우리에게 이 구절은 하나님이 우리를 순종하지 못하도록 일부러 어떤 굴레에 가두어 둔 후에 긍휼을 베풀어서 생색내려고 하셨다는 말처럼 들립니다. 그러나 이 말씀은 그런 의미가 아닙니다. 하나님이 '모든 사람을 순종하지 아니하는 가운데 가두어 두셨다'라는 것은 욥기 38장을 인용한 것입니다.

> 바다가 그 모태에서 터져 나올 때에 문으로 그것을 가둔 자가 누구냐 그 때에 내가 구름으로 그 옷을 만들고 흑암으로 그 강보를 만들고 한계를 정하여 문빗장을 지르고 이르기를 네가 여기까지 오고 더 넘어가지 못하리니 네 높은 파도가 여기서 그칠지니라 하였노라 (욥 38:8-11)

바다가 모태에서 터져 나올 때에 문으로 그것을 '가두었다'라고 표현한 것을 로마서가 원용하고 있습니다. '모든 사람을 순종하지 아니하는 가운데 가두어 두었다', '바다를 그 문으로 가두었다'는 표현에서 '가두었다'는 말은 넘어가고 터지려는 것을 가로막았다는 정도의 의미가 아닙니다.

이어서 9절에서는 '그 때에 내가 구름으로 그 옷을 만들고 흑암으로 그 강보를 만들'었다고 하십니다. 바다에 가 보면 파도가 계속 넘실대는 것을 볼 수 있습니다. 바다가 으르렁거리며 해변을 끊임없이 공격하여 물이 금방이라도 넘어올 것 같습니다. 그러나 바닷물은 그 이상 넘어오지 못합니다. 물이 닿는 곳은 거기가 끝입니다. 하나님이 강보에 싸듯 바다를 감싸 안으셨기 때문입니다. 마찬가지로 불순종도 그렇게 감싸 안으신 것입니다. 로마서 11장으로 다시 돌아가 '모든 사람을 순종하지 아니하는 가운데 가두어 두심'이라는 구절은 '내가 모든 사람을 순종하지 아니하는 가운데 감싸 안았다'라고 고쳐 읽을 수 있습니다.

우리는 불순종을 순종의 반대말이라고 생각합니다. 불순종을 순종과 대등한 차원에서 생각하는 것입니다. "이리 와"라고 불렀는데 "싫어"라고 불순종하면 이리 안 옵니다. "저리 가"라고 명령했는데 "싫어"라고 불순종하면 저리 안 갑니다. "나랑 함께 가"라고 했는데 "싫어"라고 하면 함께 못 가는 것입니다. 불순종하면, 순종했을 때의 결과에 이르지 못한다고 생각하는 것이 우리의 상식입니다.

그런데 성경은 하나님이 불순종도 감싸 안으신다고 합니다. 하나님은 바다를 감싸듯이, 우리의 불순종을 외면하고 거절하지 않고 그 불순종까지 감싸 안는 저 위의 존재라고 합니다. 바다가 넘친다고 해도 지구 밖으로 쏟아질 수 없듯이, 인간의 어떤 불순종도 하나님의 감싸 안으심을 넘어설 수 없는 것입니다.

내 말에 순종할 것이냐, 말 것이냐를 묻는 하나님의 말씀에는 다음이 전제되어 있습니다. 창조주인 나와 피조물인 세계는 결코 대등한 충돌을 할 수 없다, 너희와 나는 차원이 다르다, 나는 불순종 가운데 있는 너희 모두를 안고 있는 자다, 나는 이 모두를 감싸 안고 있는 저 위의 존재다, 너희가 순종했느냐 불순종했느냐의 여부가 내 창조와 의지와 목적을 막을 수 없다, 라는 것을 전제합니다.

이런 이야기를 들으면 우리는 약간 분한 생각도 듭니다. 선택을 자유와 연결하기 때문입니다. 우리는 인간의 고유한 권리가 무한한 선택권이라고 생각하는 경향이 있습니다. 선택에 대하여 이런 전제를 갖고 있는 우리에게 성경은 이 이야기를 펼치는 것입니다.

순종과 연결된 자유

성경은 인간의 어떤 선택도 창조의 영역을 벗어나지 못한다고 말하고 있습니다. 인간에게 선택이란 이것인가 저것인가, 할 것인가 말 것인가, 좋은가 싫은가를 고르듯 무엇인가 택하는 것일 뿐입니다. 하나님의 창조에서처럼 무엇을 만들어 낼 능력은 인간의 선택에 없습니다.

그래서 인간의 자유나 선택은 순종과 연결됩니다. 자유는 그 자체로 서 있을 수 있는 것이 아니라 어느 길을 선택하느냐의 문제라고 합니다. 어느 길을 갈 것인가? 로마서 6장이 이 문제를 다루고 있습니다.

너희 육신이 연약하므로 내가 사람의 예대로 말하노니 전에 너희가 너희 지체를 부정과 불법에 내주어 불법에 이른 것 같이 이제는 너희 지체를 의에게 종으로 내주어 거룩함에 이르라 너희가 죄의 종이 되었을 때에는 의에 대하여 자유로웠느니라 너희가 그 때에 무슨 열매를 얻었느냐 이제는 너희가 그 일을 부끄러워하나니 이는 그 마지막이 사망임이라 그러나 이제는 너희가 죄로부터 해방되고 하나님께 종이 되어 거룩함에 이르는 열매를 맺었으니 그 마지막은 영생이라 (롬 6:19-22)

우리 자신을 어디에 내줄 것이냐에 대해서는 우리에게 선택권이 있습니다. 그런 우리에게 의에 내줄 것인지, 죄에 내줄 것인지 묻고 있습니다. 예수가 오셔서 우리에게 주신 것은 우리 자신을 의에 내줄 수 있는 자유입니다. 예수 안에 나타난 하나님의 통치와 부르심에 나를 맡길 수 있는 자유를 주신 것입니다. 전에는 없던 자유입니다.

이것이 자유입니다. '진리를 알지니 진리가 너희를 자유케 하리라'라는 복음의 중요한 선언은 이 자유를 가리키는 것입니다. 영광의 길을 가는 자유, 죄의 종에서 벗어나 우리의 의지와 전인격을 동원하여 기꺼이 하나님의 영광에 순종하는 자유, 바로 이것이 구원얻은 인간에게 주어지는 자유입니다. 이것이 하나님이 지으신 피조물의 궁극적 영광입니다.

인간에게는 창조 세계 속에서 무엇을 선택할 것인가 하는 물음이 주어져 있습니다. 여기서 창조주 하나님의 선하심과 거룩하심과 영광과 사랑을 선택하는 것이 우리의 영광입니다. 그래서 신앙이 언제나 강조하는 것은 순종입니다. 이 순종은 어쩔 수 없이 하는 굴복이 아닙니다. 선택의 여유가 없는 굴종이 아닙니다. 숙명이 아니고 기꺼이 자원하는 기쁜 의지입니다.

하나님이 모든 사람을 순종하지 아니하는 가운데 가두어 두셨다는 말씀은 우리에게 선택권을 주셨다는 뜻입니다. 하나님은 실수할 시간을 주십니다. 우리에게 마음껏 어리석게 굴 기회를 허락하십니다. 그러나 그것으로 끝이 아니게 하십니다. 바다가 그 모태에서 터져 나올 때 문으로 그것을 가두신 이가 내버려 두시지 않습니다. 시편 103편의 말씀처럼, 하나님은 우리가 행한 대로 갚지 않으실 것입니다. 우리의 처지대로 갚지 않으실 것입니다. 자식을 불쌍히 여기는 아버지같이 우리를 불쌍히 여기시는 하나님이십니다. 그분이 우리를 가만히 내버려 두시지 않습니다. 그것이 예수, 곧 복음입니다. 그러니 '예수를 믿으면 구원을 얻는다'는 말이 가지는 무게와 깊이와 크기를 한번 헤아려 보십시오.

지금 돌이켜 보면, 못난 우리의 실패와 어리석음과 무지와 방탕 같은 것들은 모두 하나님의 품에 싸여 빠져나갈 수 없음을 깨닫습니다. 모든 사람을 순종하지 아니하는 가운데 가두어 두셨다는 말씀에서 보듯, 못난 우리의 선택, 실력, 행위, 이 모든 것을 하나님이 감싸 안으셔서 우리를 하나님에게서 풀려날 수 없게 하셨습니다. 그러한 하나님의 의지야말로 이스라엘이 구원받을 것이라고 믿는 바울의 근거이자 이유입니다. 그래서 이런 찬탄이 터져 나오는 것입니다. 본문의 마지막 부분입니다.

깊도다 하나님의 지혜와 지식의 풍성함이여, 그의 판단은 헤아리지 못할 것이며 그의 길은 찾지 못할 것이로다 (롬 11:33)

왜 헤아리지 못하며 왜 찾지 못할 것이라고 합니까? 인간의 머리로는 이해되지 않기 때문입니다. 왜 이해가 안 될까요? 우리 생각보다 너무 높고 깊어서 그렇습니다.

> 누가 주의 마음을 알았느냐 누가 그의 모사가 되었느냐 누가 주께 먼저 드려서 갚으심을 받겠느냐 이는 만물이 주에게서 나오고 주로 말미암고 주에게로 돌아감이라 그에게 영광이 세세에 있을지어다 아멘 (롬 11:34-36)

'누가 주께 먼저 드려서 갚으심을 받겠느냐', 이 구절도 욥기 41장을 인용한 것입니다. "누가 먼저 내게 주고 나로 하여금 갚게 하겠느냐 온 천하에 있는 것이 다 내 것이니라"(욥 41:11). 욥기 42장으로 가서 욥기가 로마서와 동일한 결론을 선포하고 있다는 사실을 확인하며 말씀을 마무리하겠습니다. 욥기 42장 1절을 봅시다.

> 욥이 여호와께 대답하여 이르되 주께서는 못 하실 일이 없사오며 무슨 계획이든지 못 이루실 것이 없는 줄 아오니 (욥 42:1-2)

로마서 11장의 표현으로 하면 '하나님의 은사와 부르심에는 후회하심이 없느니라'입니다.

> 무지한 말로 이치를 가리는 자가 누구니이까 나는 깨닫지도 못한 일을 말하였고 스스로 알 수도 없고 헤아리기도 어려운 일을 말하였나이다 내가 말하겠사오니 주는 들으시고 내가 주께 묻겠사오

니 주여 내게 알게 하옵소서 내가 주께 대하여 귀로 듣기만 하였
사오나 이제는 눈으로 주를 뵈옵나이다 그러므로 내가 스스로 거
두어들이고 티끌과 재 가운데에서 회개하나이다 (욥 42:3-6)

이것이 이스라엘과 우리의 역사입니다. 너희가 얻은 구원에 대해
너희에게 무슨 티끌만 한 근거라도 있느냐, 있으면 어디 자랑해 봐
라, 하고 하나님이 물으십니다. 그때 우리는 욥처럼, 바울처럼 이렇
게 대답해야 할 것입니다. 하나님, 맞습니다! 제가 티끌과 재 가운
데서 회개합니다. 아무 조건도 충족되지 않은 곳, 내가 아무것도 만
들어 낼 수 없는 곳에서 하나님이 창조의 역사를 펼치시는 줄 믿고
회개합니다. 주 앞에 나를 바칩니다. 내 이해와 내 능력 안에 안주하
지 않겠습니다. 하나님, 당신의 영광을 높이소서.

질문하기

1.

로마서 11장 32절의 '모든 사람을 순종하지 아니하는 가운데 가두어 두'시는 하나님은 어떤 하나님이십니까?

2.

예수가 오셔서 우리에게 주신 자유는 무엇입니까?

3.

신앙이 언제나 순종을 강조하는 이유는 무엇입니까?

나누기

어떻게 하면 우리에게 주어진 자유를 사용하여 신자의 명예로움을 나타낼 수 있을지 구체적으로 나누어 봅시다.

질문과 답

01

1. 자책과 절망은 어떻게 극복할 수 있습니까?

죄인을 부르러 예수가 오셨음을 기억해야 극복할 수 있습니다. (12, 13쪽)

2. '이제 그리스도 예수 안에 있는 자에게는 결코 정죄함이 없나니'(롬 8:1)라는 말씀은 무슨 뜻입니까?

사망에 이르도록 하나님이 우리를 놓아두시지 않으셔서 이제 우리는 우리의 실수나 실패가 사망으로 끝나지 않는 새로운 세상에 들어왔다, 우리는 이제 예수 안에 있다는 뜻입니다. (14쪽)

3. '영에 속한 상태'란 어떤 것입니까?

아슬아슬하고 조마조마하지만 신앙을 놓치지 않고 살아가는 것, 나를 세상과 죄에게 내어 줄 수는 없어, 하면서 끝까지 성령을 붙잡고 늘어지는 것, 잘 안되지만 지지 않기로 하는 것입니다. (16쪽)

02

1. 잘못할 때가 있더라도 예수 안에서 하나님과의 관계가 회복된 다음에는 이 관계가 깨어지는 법이 없다는 사실은 우리를 어

디로 인도합니까?

> 더러움과 부끄러움과 못난 자리에서 영광과 명예로 나아가도록
> 인도합니다. (23쪽)

2. 우리를 죄와 사망의 자리에서 은혜와 능력으로 불러내신 하나
님은 우리를 어디로 보내십니까?

> 환난 속으로 보내십니다. (27쪽)

3. 하나님을 향한 우리의 진실한 소원과 신령한 생각을 구체화
하려면 어디로 가야 합니까?

> 십자가를 지는 길로 가야 합니다. (29쪽)

03

1. 하나님이 고난으로 일하신다는 것을 모르면 어떤 문제가 생
깁니까?

> 현실을 인과응보로만 이해하게 됩니다. (35쪽)

2. 하나님이 우리의 인생에 얼마든지 본문을 담을 수 있다는 확신은 무엇을 근거로 가질 수 있습니까?

하나님이 죽음과 십자가라는 자리와 정황에도 본문을 담으셨다는 사실을 근거로 삼을 때 확신할 수 있습니다. (39쪽)

3. 하나님이 우리를 이웃에게 보내셔서 요구하시는 것은 무엇입니까?

우는 자들과 함께 울고, 웃는 자들과 함께 웃는 것입니다. (42쪽)

04

1. 성경에서 말하는 구원이란 무엇입니까?

하나님을 아버지라 부를 수 있는 지위와 신분이 되는 것입니다. (48쪽)

2. 개혁주의는 성화를 무엇이라고 말합니까?

예수 그리스도와의 연합이라고 말합니다. (50쪽)

3. 기독교에서 요구하는 책임 있는 삶이란 어떤 것입니까?

하나님의 자녀라는 명예를 알고 사는 것입니다. (52쪽)

05

1. 고난 속에서도 우리에게 일어난 구원과 소망에 대해 흔들리지 않을 수 있는 근거는 무엇입니까?

　　하나님의 사랑이 우리를 붙들고 있다는 사실입니다. (59쪽)

2. '하나님의 사랑에서 우리를 끊을 수 없다'라는 말에서 성경이 하고 싶은 이야기는 무엇입니까?

　　우리를 향한 하나님의 사랑은 우리라는 대상 없이 하나님 홀로 하실 수 없는 사랑이며, 우리를 위하여 찾아오신 사랑이며, 우리를 놓치 않으시는 사랑이라는 것입니다. (61, 62쪽)

3. 사랑이란 그저 좋은 소리나 해 주고 속을 다 꺼내 놓고 진심을 확인하는 것이 아니라고 합니다. 그렇다면 사랑은 어떻게 정의할 수 있습니까?

　　자신을 누구와 묶는 것, 운명과 현실을 묶고 모든 결과를 함께 나누는 것입니다. (62쪽)

06

1. 우리의 신앙생활에서 어떠한 실패도 우리를 향한 하나님의 사랑과 은혜를 꺾을 수 없다는 말의 의미를 하나님의 거룩하심을 두려워하는 가운데 이해하지 못하면 어떻게 됩니까?

기독교 신앙은 값싼 은혜가 되거나 율법주의가 될 수밖에 없습니다. (71쪽)

2. '약속의 자녀'에서 약속이란 무슨 뜻입니까?

하나님의 의지와 신실한 성의입니다. (74쪽)

3. 이스라엘의 배신과 거부가 우리에게 뜻하는 바는 무엇입니까?

이스라엘의 배신과 거부에도 하나님은 그것을 통해 이방인을 구원하시는 분이니 그분을 두려워함으로 신앙생활을 해야 한다는 것입니다. (76쪽)

07

1. 율법은 언제 주어졌습니까?

시내 산에 이르렀을 때, 곧 구원이 먼저 주어진 후에 주어졌습니다. (84쪽)

2. 하나님과 화목하게 하고 하나님을 사랑하게 하기 위하여 주신 율법을 이스라엘은 어떻게 오용했습니까?

자기들을 구별하는 조건으로 써 버렸습니다. (86쪽)

3. 예수는 누구에게 걸림돌이 됩니까?

자기 증명을 하려는 자들에게 걸림돌이 됩니다. (89쪽)

08

1. 구원에 대하여 로마서 10장은 '누구든지'라는 단어를 제시합니다. '누구든지'의 범위를 어떻게 이해해야 합니까?

'누구라도 괜찮고 아무라도 좋은'이라고 무한히 열어 놓으신 것이라고 이해해야 합니다. (95쪽)

2. 예수님은 어떤 백성들에게 찾아오셨습니까?

거부하는 백성들, 말 안 듣는 백성들, 자기들의 고집을 세우기 위하여 기를 쓰고 반대하는 백성들입니다. (98쪽)

3. '찾지 아니한 자들에게 찾은 바 되고 묻지 아니한 자들에게 나타난 하나님'은 오늘날 어떻게 찾지 않고 묻지 않는 자들을 찾아가십니까?

나를 하나님의 실제적인 손길로 세우셔서 찾아가십니다. (101쪽)

09

1. 이스라엘의 넘어짐으로 일어난 결과는 무엇입니까?

이방이 유익을 얻게 되었습니다. (107쪽)

2. 바로라는 대적이 있어서 드러난 것이 무엇입니까?

하나님의 은혜의 깊이와 크기와 풍성함과 성실함과 능력과 신비, 반전하시고 누적하시고 터트리시는 하나님의 역동적인 일하심입니다. (109쪽)

3. 우리의 자책과 분노에도 하나님이 우리 인생에서 주시는 것은 무엇입니까?

은혜를 더 깊이 경험하게 만듭니다. (111쪽)

10

1. 이스라엘의 역사가 그토록 고단했던 이유는 무엇입니까?

하나님이 불순종하는 이스라엘을 방치하지 않으셨기 때문입니다. (119쪽)

2. 성경이 야곱을 통해서 우리에게 보여 주는 바는 무엇입니까?

하나님이 너를 버리지 않는 이상 너는 망하지 않는다, 너는 포기될 수 없는 존재다, 라는 사실입니다. (122쪽)

3. 아브라함이 백 살에 이르러서야 하나님이 아들을 허락하신 이유는 무엇입니까?

아브라함에게 약속하신 후손은 생물학적 방법으로 퍼져 나가는 것이 아님을 가르치시기 위해서입니다. (124쪽)

11

1. 로마서 11장 32절의 '모든 사람을 순종하지 아니하는 가운데 가두어 두'시는 하나님은 어떤 하나님이십니까?

우리의 불순종을 외면하거나 거절하지 않고 그 불순종까지 감싸 안는 저 위의 존재입니다. (132쪽)

2. 예수가 오셔서 우리에게 주신 자유는 무엇입니까?

우리 자신을 의에 내줄 수 있는 자유입니다. (134쪽)

3. 신앙이 언제나 순종을 강조하는 이유는 무엇입니까?

창조주 하나님의 선하심과 거룩하심과 영광과 사랑을 선택하는
것이 우리의 영광이기 때문입니다. (134쪽)